核心素养视域下的教学新样态——指向"深度学习"的"学本课堂"建设

刘艳华 主编

中国海洋大学出版社

·青岛·

图书在版编目（CIP）数据

核心素养视域下的教学新样态：指向"深度学习"的"学本课堂"建设 / 刘艳华主编. -- 青岛：中国海洋大学出版社, 2024.4
ISBN 978-7-5670-3655-0

Ⅰ.①核… Ⅱ.①刘… Ⅲ.①课堂教学 – 教学研究 – 小学 Ⅳ.①G622.421

中国国家版本馆CIP数据核字(2023)第182513号

核心素养视域下的教学新样态——
指向"深度学习"的"学本课堂"建设

HEXINSUYANG SHIYUXIADE JIAOXUEXINYANGTAI——
ZHIXIANG "SHENDUXUEXI" DE "XUEBENKETANG" JIANSHE

出版发行	中国海洋大学出版社
社　　址	青岛市香港东路 23 号　邮政编码　266071
网　　址	http://pub.ouc.edu.cn
订购电话	0532-82032573
出 版 人	刘文菁
责任编辑	郭周荣
电　　话	0532-85902495
电子邮箱	813241042@qq.com
印　　制	青岛正商印刷有限公司
版　　次	2024 年 4 月第 1 版
印　　次	2024 年 4 月第 1 次印刷
成品尺寸	170 mm × 240 mm
印　　张	13
字　　数	200 千
印　　数	1 ~ 1 000
定　　价	58.00 元

发现印装质量问题，请致电 0532-85662115，由印刷厂负责调换。

基于学本，走向深度学习

（代序）

21 世纪以来，经过 20 多年的发展，我国的基础教育已经发生了巨大的变化。《义务教育课程方案（2022 年版）》在"指导思想"中指出，"以习近平新时代中国特色社会主义思想为指导，全面贯彻党的教育方针，遵循教育教学规律，落实立德树人根本任务，发展素质教育。以人民为中心，扎根中国大地办教育。坚持德育为先，提升智育水平，加强体育美育，落实劳动教育。反映时代特征，努力构建具有中国特色、世界水准的义务教育课程体系"。

《义务教育课程方案（2022 年版）》强调深化教学改革，要求坚持素养导向，落实育人为本理念，培养学生正确的价值观、必备品格和关键能力。围绕这些要求，引导学生积极参与探究活动，经历发现问题、解决问题、建构知识、运用知识的过程。义务教育阶段的学校按照方案要求不断实践，开拓创新，积极进取。其中，青岛敦化路小学就是这样一所不断实践和创新的学校。

多年来，敦化路小学认真贯彻实施素质教育，本着"学生发展、教师发展、学校发展"的办学宗旨，秉承"文化立校、特色强校"的办学理念，树立"敦行致远 厚德化育"的发展目标，以"让学生体验成长的快乐，让教师享受教育的幸福，让学校成为师生发展的共同体"为落脚点，加大管理文化、精神文化、行为文化、环境文化的构建和实施，最终形成了独特的校园文化，让文化引领教师与学生一起成长。

在课堂教学方面，学校认为"教师讲授型""教师控制型"等课堂样态存在"四重四轻"的现象：重知识传授，轻知识能力建构；重教案预设，轻课堂生成；重单一的师生问答，轻生生互动；重眼前教学任务的完成，轻学生长远思维品质的培养。针对这些现象，青岛敦化路小学结合新时代教育教学的特点和要求，运用新的教育思想和观点，对"深度学习"进行了认真的研究和实践，取得了丰硕的成果。

深度教学研究期望培养学生从最简单的浅层学习，逐渐向较为复杂的深度学习跨越。学校"指向'深度学习'的'学本课堂'建设研究"基于以上问题，研究改变当前课堂教与学的状态，让学生充分地预习、自主地思考、真实地合作，将需要掌握的知识与自己实践生活中已有的认知经验相结合，解决实际问题，体现深度学习的思维品质，促使课堂方式由"教师讲授型"走向"自主合作探究型"，促使课堂教学从"教师控制型"向"合作对话型"转型，促使课堂教学由"知识传递"向"知识建构"转型。经过深入研究和实践，精准把握"学本课堂"的内涵特征以及要素，优化"学本课堂"建设策略，提高"学本课堂"效率，全面提升学生的核心素养，落实国家"培养全面发展的人"的育人总目标。

通过研究和实践，学校建构了"6＋3＋1""学本课堂"教学模型。"6"指六维建构特征：要素、关系、方法、策略、组织和工具；打造了"安静的""灵性的""自主的"三种课堂样态；提炼了"三单递学"教学法，"三单递学"教学法在结构设计上体现"导、学、评、测"的"四位一体"学习支架，建立有效的"知识建构""对话建构""活动建构"，建构"知识问题化——问题思维化——思维迁移化"的深度学习课堂，培养学生全息视域下的深度学习思维。通过研究和实践，学校开发了基于"C＋V＋P＋N"目标结构的教与学诊评技术。落实"教学评"一致性的理念，充分发挥评价对于促进教与学的作用，从而促进教师不断反思，诊断课堂教学，提高课堂教学效率。

当前，在《义务教育课程方案（2022年版）》的指导下，课堂教学不断出现新样态。比如，强调学科实践，推进综合学习，探索大单元教学，倡导跨学科主题学习，创设以学习者为中心的学习环境，开展差异化教学，基于新技术优势探索线上线下深度融合，基于大数据智慧云平台的学科教学，基于核心素养促进"教、学、评"的有机衔接，等等。这些新样态必将促进学校进一步开展教学改革，更好地服务学生，更好地落实育人为本的基本理念。

刘艳华校长是一位勤于思考、敏于实践的学校管理者。多年来，她和青岛敦化路小学的全体师生基于学本，探索深度学习，走出了一条基础教育阶段学校改革创新卓有成效的新路。我和刘校长为多年好友，因基础教育结缘。欣闻刘校长和敦化路学校的研究成果即将付梓，敦化路小学的经验必将为多所学校提供借鉴，造福师生。刘校长邀我作序，虽才疏学浅难以胜任，但很荣幸成为本书的第一批读者，欣然命笔。

衷心祝愿青岛敦化路小学在刘校长和全体师生的努力下，百尺竿头更进一步。

是为序。

张志刚

于鲁东大学鲁大佳苑　　2023 年 3 月

张志刚，博士，鲁东大学教师教育学院副教授。曾任山东省基础教育课堂研究中心副主任；曾兼任山东省中小学教师全员研修小学、初中语文专家组组长，长期负责山东省中小学语文骨干教师培训，被聘为浙江大学"千课万人"语文评课专家，教育部语委语文名师大讲堂讲师，陕西师范大学、浙江师范大学等学校的国培专家。长期扎根中小学，致力于语文课堂教学研究、学校特色打造、学校改革创新等工作。

目 录

第一章　当前"学本课堂"提出的背景

2016年《中国学生发展核心素养》提出了中国学生六大核心素养：人文底蕴、科学精神、学会学习、健康生活、责任担当、实践创新，在小学阶段具体表现为人文修养、审美情趣、探索精神、批判思维、动手操作能力、责任意识、生命意识、健全人格、人际交往能力与合作精神。"学本课堂"是以学生为本的课堂。与师授生承的传统课堂不同，"学本课堂"将学生置于课堂教学的中心地位，聚焦小学阶段学生核心素养，以问题为引领，教学设计、教学交往、教学评价等一切课堂教学活动均围绕学生开展。"学本课堂"强调学生在教师指导下逐步学会学习，充分发挥自我潜能，通过自主建构学习、合作建构学习等过程，共同实现学习目标。"学本课堂"呈现出盎然的生命气息，学生身心愉悦地与教师一起探求知识与真理，课堂成为学生身心健全成长的精神乐园。我国古代文化中追求的自然教育、遵循人的身心发展规律的主张是其文化基础，西方人本主义教育思想和建构主义学习理论为"学本课堂"建设提供了坚实的理论基础。

第一节　当前课堂教学中存在的弊端

课堂教学是学校教学最基本的形式，它直接关系学校的教育教学质量。当前课堂教学改革已成为教育教学改革的热点之一，各类学校均把新的教学理念、新的教学模式和方法、先进的教学手段应用于课堂教学改革，力求在教学质量和创新型人才培养上取得突破。

三年来，学校开设了60余节研究课，包括教师的示范课和新教师的汇报展示课，可以看出，教师在新的教学理念树立、新的教学方法运用、新的教学手段使用及课堂组织等方面都有较好的表现,也做了大量的探索性研究,取得了一定成效。同时,也存在一些问题,如重知识灌输轻知识构建、重知识传授轻能力培养、重教学预设轻轻视学情分析等,这说明目前教师在课堂教学改革的实践中还存在诸多模糊认识,在新旧课堂形式转变过程中存在误区,这些问题严重影响了目前课堂教学改革的进程与效果。

一、目前课堂教学存在的问题

(一)重眼前知识的灌输、轻学生对知识的自主构建

当前有许多教师在备课的过程中,存在"就书本论"的问题,忽视对教材的进一步挖掘,忽视教材内容与现实生活的联系;在讲课过程中存在"就知识点论"的问题,忽视新旧知识的联系,忽视学生的已有认识和认知能力。存在这些问题的原因是旧的课堂教学观对教师的影响,这也是影响课堂教学效果的主要因素。课堂教学要有高的效率,教师必须掌握构建主义的教学观,构建主义教学观认为:学生的学习不是简单的信息积累,而是新旧知识、经验冲突以及由此而引发的认知结构的重组。由此可见,教师在教学中调动学生已有知识和经验是多么重要。

(二)讲课过程中重知识传授、轻能力培养

有些教师(尤其是专业学科教师)在讲课时往往出现教、学、评、用脱节的问题,主要表现为重视纯书本知识、基本概念、基础知识的讲授,学生的学习以记、背基本概念和基础知识为主,形成了一种"讲授—接受—填空"的"师生一问一答"授课模式,导致课堂活动死板机械,学生思维活动僵止,我们称这种模式为"接受式"。这样的课堂教学显然与当前提倡的"自主式""探究式"教学相悖。探究式教学的基本要求是教学活动要有学生自主的观察,留给学生解决实际问题和探究创造的空间,其课堂模式为"讲授—观察—理解—应用"。

(三)课堂教学重形式、轻效果

有些教师的课堂教学活动带有明显的表演成分,主要有两种模式:一是绝对的格式化,无论什么课都是固定的模式。例如,我们提倡"合作学习",

那就什么课都用小组讨论，什么内容都用小组讨论的方式"解决"，而很少考虑这样的内容是否有讨论的价值。通过对四到六年级语、数、英学科共46节课的观察发现，小组合作环节学生交流讨论的时间和机会偏少，讨论时声音较大，互相干扰；有些学生未积极参与，全班汇报环节存在"一言堂"的现象。因为每一种教学形式都有特定的适用范围，只有根据教学对象、教学内容、教学条件因时、因地制宜地选择教学形式，才会取得好的效果，绝不可坐而论道和死搬教条。二是把上课变成了演课，尤其是现在所谓的"公开课""优质课"，都是经过教师和学生的多次演练，学生对这样的课极为反感，因为这种课的教学内容学生早就知道了，学生的一切活动都成了教师手上的"皮影"。我们希望看到的是教师精心备课、使用创新性教学方法的反复实践而形成的公开课、优质课，只有多一些这样的课，才能真正提高课堂教学效率。

（四）重教学预设、轻学情关注

奥苏贝尔有句名言："影响学生唯一因素，就是学习者已经知道了什么。"教师在备课时，只想到自己如何设计教学环节、怎样完成学习任务，忽略了对学情的关注；布置了课前预习，却并不了解不同学生的预习效果，哪些是学生学会的，哪些是学生困惑的问题；不了解学生的已知和未知，仍然在走教案、走课件。在课堂教学中，教师关注的目光总围绕着那些学习好的学生，忽略了学习困难的学生。学生回答问题出现了错误或说了非预设的回答，往往只简单纠正，而忽略了错误背后的原因，缺乏有效的引导。"吃不饱"和"吃不了"的问题屡见不鲜，许多学生失去了学习的兴趣。

综上所述，课堂教学表现出来的现状，还是传统的"教为中心"的思想，没有真正转化为"学为中心"的新的理念。从学生落实核心素养的角度出发，当前的课堂现状急需改变，打造全新的"以学为本"的新的课堂样态，真正为学生的终身学习奠定基础。

二、提高教师课堂教学效果的有效途径

（一）教师要树立正确的教学观

一是要树立以学生为本的观念，课堂教学要突出学生的主体地位，一切教学活动的组织安排要根据学生的发展和适合学生的需求展开。根据学生的发展就是要在认真分析学情的基础上，制订教学目标、确定教学内容、选择教学方式方法、安排教学活动，只有做到对学生的情况了如指掌，课堂教学才有针对性和可行性，才有可能取得好的效果；适合学生的需求就是要在激发学生学习内驱力的基础上实施成功教育，教师应把学生的学习兴趣、学习的欲望作为课堂教学的基点，让学生把"要我学"变为"我要学"，调动起学生的积极情绪，提高课堂教学时效。二是要坚持能力本位的教学指导思想，教师在课堂教学中要始终把对学生思维能力、分析问题解决问题的能力、实践操作能力的培养作为教学的根本，贯串课堂教学的始终。三是要坚持学生全面发展和可持续发展的原则，课堂教学中要重视抓好基础知识和基本技能的教学，在学科教学中落实德育教育、人文教育和心理健康教育，充分挖掘教材内容与生活的联系、与其他学科的联系，为学生的发展打下坚实的基础。

（二）加强学习，勇于实践

教师的课堂教学水平与效果主要受教师自身因素和教育环境因素的影响，教师自身素质是最根本的要素，因此提高教师素质是提高课堂教学质量的重要措施。教师提高自身素质主要通过两条途径：一是加强教育教学理论的学习，掌握先进的教学理念、教学方法和教学手段，先进的教育教学理论是指导课堂教学实践活动的基础，只有具备先进的教育教学理论的教师，才有教师的先进课堂教学实践活动，因此教师要不断加强理论学习。二是丰富的教学实践经验的积累，这种积累仅凭教师个人的教学实践远远不够，所以经常参加听评课活动是一种很好的教学实践经验积累途径，通过听评课可以学到先进的教学方法、教学艺术，进而提高自己的课堂教学水平；也可以借鉴别人的失败教训，使自己的教学少走弯路。一个善于向别人学习，把别人的经验和教训用于自己教学实践的教师，会比较快地成长为一名成熟的教师。

（三）充分挖掘教材内容，做到精心备课

认真备课是一堂好课的基础，也是教师上好课的关键。教师的备课是一个通过对教材和学生情况的认真分析，找出教材与学生学习的最佳结合点，进而确定课堂教学策略、教学方法和课堂组织形式，制订教学方案的过程。教师通过备课可以提高自己驾驭教材和驾驭课堂的能力，但要做到这一点并不容易，首先，要对教材内容进行认真的研究，准确把握知识的重点、难点及知识之间的内在联系，分析所讲内容在本学科中的地位以及与其他学科之间的联系，只有准确把握了教材，教师在课堂上才能讲得清、讲得明、讲得生动精彩。其次，教师要认真分析学情，要对所教班级学生的情况进行深入具体地分析，准确把握学生的知识水平、理解能力、学习兴趣及学习习惯，根据这些情况制订课堂教学方式和环节。只有这样，才能使教学具有针对性，才能使课堂教学达到"天人合一"的境界，取得好的教学效果。另外，集体备课是提高学科备课效率是有效办法，是集体智慧的体现，因此要推广学科集体备课。

（四）教师要学会教学反思，总结经验不断改进自身的课堂教学

何为课堂教学反思？即教师对自己过去的教学理念、行为以及由此而产生的结果进行审视、分析和升华。教师课堂教学反思主要有三种形式。

（1）教后记。它是教师对课堂教学的小结，也是对自己教学行为和体验的自我评价与对话，是改进教学策略、积累教学经验、提高教学水平的好方法。教后记通常是教师依据先进的教学理念和教学策略，对课堂教学的教学目标、教学流程、教学的方式与方法、教学手段、教学氛围与效果等方面进行反省与总结，是教学后的再备课。一篇好的教后记，可以反映出教师是否具有课程意识和接受新理念、新经验的能力，是否具备收集整合与处理信息的能力，是否具有创新意识，是否具备教、学、评价和教学科研的能力。教后记可长可短，可总结经验之得，可检讨败笔之处，可分析问题原委，可制定补救措施。教后记可写的东西太多，但要注意体现及时性、客观性、思想性和针对性。

（2）教育教学日记。即教师把自己每天的所见、所闻、所读、所思用日记的形式记录下来。苏州大学苏永新教授认为，"日记是教师一种非常好的学习教育方法，其好处在于能够自己与自己对话，是一个人成长的重要法宝。"如果我们能坚持每天写一篇1000字的日记，10年就是3650篇，就是300多万字的经验与教训。

（3）教育随笔。教师记录平日观察到的教育现象、自己的感想与体会等，或者对教育问题发表评论，是教师从实际出发，写自己的心思、体验与感悟。坚持写教育随笔对提高教师素质大有好处。

第二节　国内外研究现状

深度学习作为一种先进的学习理念指导课堂变革，同时也是课堂教学变革的终极目标。四川师范大学李松林教授指出，"深度学习乃是当前课堂教学改革的实质和方向"。什么样的课堂能促进学生的深度学习？是指以学生本体、学习本位、学科本色、促进师生共同成长为核心的"学本课堂"课堂，其本质是教学生学，让学生学会学习，最终促进学生有效学习。

（一）国外相关研究动态

"学本课堂"在美国、英国、加拿大等国家也得到了一定的应用和推广，尤其是在美国和英国。在美国，"学本课堂"模式已成为一种流行的教育模式，许多学校和教育机构已经开始使用"学本课堂"模式进行教学。"学本课堂"模式在美国被称为"Personalized Learning"，它强调个性化的学习方式，通过针对学生的不同需求和能力，提供个性化的学习方案，以满足不同学生的学习需求。在英国，"学本课堂"模式被称为"Student-centered Learning"，它强调学生的主导地位，通过培养学生的自主学习能力、批判性思维能力和创造性思维能力，促进学生的学习兴趣和学习效果。在加拿大，"学本课堂"模式得到广泛的应用和推广，许多学校和教育机构也在尝试使用"学本课堂"模式进行教学。

20世纪80年代以来，国外许多教育学家结合本国国情，提出了许多行之有效的"学本课堂"教学模式。其中有代表性的有以下四种。

1. 合作学习教学模式

该模式提倡在课堂中通过学生之间的合作交流来达到学习的目的，研究该教学模式和实践这种教学模式的人都认为，合作学习能够实现教师的教和学生的学的有机结合。

2. 以问题为基础的学习模式

提出这种教学模式的教育学家认为完整的、逼真的问题情境是有效教学的前提。教师应该设置这样的问题情境，让学生在这样的情境中产生学习的需要，并通过学生之间的互相协作探究学习，让学生主动生成知识，最终获得知识和解决问题的技能，这样的教学法才是好的教学法。

3. 探究性学习

提出这种教学模式的教育学家认为，发现并解决问题的技巧和策略是可以传播给学生并让学生掌握的，教师应注重引导学生进行发现学习和探究学习，培养学生的主动探究和解决问题的习惯和能力。

4. 齐莫曼的"自主学习循环模式"

该理论强调教师应指导学生学会使用具体的方法来激励和指导自己，从而实现学生的自主学习。

20 世纪 80 年代以来，世界各地不断涌现出关于自主学习的理论和应用研究，培养学生的自主学习能力成为世界各国中小学教学模式构建的目标，而这些关于"自主学习、合作交流"的教学模式，都有一个共同的特点——学生的主体地位在这些教学模式中得以充分体现。在使用这些教学模式的教学活动中，学生学习的热情和积极性大大增强，学习的内容不再局限于课本，而是得到了延展，学生学习的自主特征更加明显，学生与学生的联系更加紧密。这些教学模式对于我们当前提倡的自主学习而言，都具有借鉴意义。

（二）国内相关研究动态

近十余年来，对"学本课堂"的研究也越来越深入，形成了一定的推广模式。其中，比较有代表性的有以下三种。

1. 龚雄飞的"学本式"卓越课堂

2013 年，重庆市沙坪坝区教师进修学院的龚雄飞院长结合数十年的教育教学经验，提出了"学本式"卓越课堂的模式，课堂必须实现两大转型：一是由教师传授型课堂向学生学习型课堂转变，体现"学生学习为本"的理念。二是由知识掌握型课堂向学生发展型课堂转变，体现"学生发展为本"的理念。实行"学本式"课堂改革模式，即先学后导、互助展评；坚持以学生中心、学习中心和体验中心的核心观念，并引领重庆沙坪坝区中小学开展了行动研究。

2. 海阳市"学本课堂"问题导学模式建设

自 2014 年，起山东省海阳市开始区域推进中小学"学本课堂"建设，对"学本课堂"的基本内涵进行深入分析，提出了"主题探究、板块结构、智慧导学、课标评价"四个特征，形成了"整体规划、逐年推进"的系统化运作。2018 年，"'学本课堂'问题导学模式的研究"是海阳市中小学"学本课堂"教学研究课题，最终探索出了富有成效的"1234 '学本课堂'问题导学模式"。

3. 韩立福的内涵建构

2015 年，中国教育科学研究院韩立福博士针对基层中小学整体呈现的"以教为中心"的弊端，提出"学本课堂"要实现由"知识传递"向"知识建构"转型，体现"自我建构""对话建构"和"活动建构"；倡导将"问题"嵌入课堂，师生建立"大小同学"式关系，采用建构式主动学习法，建立小组合作团队学习平台。

综上所述，从我国中小学课堂改革的整体趋势上表现出"教"的课堂正在向"学"的课堂积极转型的良好态势。但是，"学本课堂"教学模式是一种新型的教学方式，笔者以"学本课堂"为关键词进行搜索，发现在中国知网、维普、万方、学术期刊等网站，相关的文章并不是很多，且多数研究的重点放在"学本课堂"教学模式的优势和应用效果方面，对"学本课堂"教学运用存在缺点的研究还非常少，更多的是对课堂教学模式的建构。这种模式样态单一，有一定的局限性，更适用于小学高年级学习能力强的学生，普适性不强，忽略了知识建构的阶梯性。另外，结合目前课堂实践中存在的共性问题，一是教师在课堂教学中的注意力覆盖面有限，关注焦点大多在学生的知识学习上，对于启迪学生思维比较欠缺；二是课堂上只有部分学生是全心投入，不少同学不善于倾听和互动；三是小组合作环节，多数教师只关注预学单的设计，没有建立预学与共学问题的连接，共学单的设计缺少任务驱动，学习指导不明确，出现表面热闹的"假合作"现象。试想，如果这些问题长期存在，学生的核心素养得不到发展，将会导致学生缺乏自主学习的能力和创新精神。

第三节　课堂教学改革呼唤新的教学方式

《教育规划纲要》指出了我国要在 2020 年实现学习型社会的建设目标，在这样的背景之下，课堂教学的改革出现了新的方向，也得到了很好的发展机遇和空间。要想实现学习型社会的构建，就必须构建与之相适应的教育体系。然而，学习型教育体系如何实现呢？那必须有学习型的课堂体系构成，其中包括学习型学生、教师、家长及学习型的其他社会人员。学习型课堂构建，要以学生为主体，教师积极参与学习，帮助学生树立持续学习观念和掌握自我学习能力。"学本课堂"符合学习型课堂的条件，它是学习者实现学习的课堂，是为了克服传统教育缺点提出的课堂教学形式。它符合新课改提出的课堂模式要求，促进课堂教学形式的转变，实现了教学与学习的转变。

一、以任务为驱动　让学生有目标地学

美国哈佛大学教授蕾·兰德和简·迈耶提出了一个"门槛"概念。这是一种可以一上来就辨明方向并能直接进入全局实践的学习体验。而任务驱动教学就能让学生产生这种"门槛体验"，即学生知道自己在做什么。教学中出现的挑战性任务，不仅是一种包含知识问题的任务，也是一种包含知识技能的任务，还是一种包含知识应用的任务。因此，它可以充分体现知识的价值，进而让学生在学习之初就清楚学习的价值所在，即学习知识的终极目的。在任务驱动式教学中，学生在接触任务时会因好奇心和好胜心而产生学习的驱动力，在展望任务的未来时会因成就感而产生学习的驱动力。让学生对终极学习目标"知情"，也可以使他们对学习进程和学习进度了如指掌，对自己所获取的知识和技能是否足以解决问题、完成任务做到心中有数，对自己的探究方向是否正确和探究方法是否有效做到胸有成竹，从而使学生随时进行对学习过程的调控和对学习结果的反思。这种对学习目标、学习知识和学习过程的"知情"，有助于解决或缓解传统教学中一直存在的两大问题：一个是学生对知识的信度问题，即认同、悦纳的程度；另一个是学生对数学知

识的通感问题,即透彻、贯通的程度。例如,在学习圆的周长时,测量直径并填入表格,进而发现规律并推导出圆的周长的计算公式。以表格的形式明确预学任务的目标,学生能够清楚地知道自己的学习任务并通过自主探索发现规律。预学任务的设计,不仅可以帮助学生掌握学习方法,让学生找到自己的学习起点,还能锻炼学生的思维能力,同时也能暴露出自主学习中的问题,以引发讨论。同时,教师也要根据学生的预学情况进行"第二次备课",为下一环节的小组合作设计新的"问题"。任务驱动教学以高层次的知识为信息组合点,将以下各层次知识及其结构的各种信息或同一层次中横向的不同信息,或者事物以外的所有事物与本层联系起来,形成不同层次的立体的信息网络。如此一来,教学目标落实一定是扎实的。

二、以合学为纽带 让学生主动参与学习

在学习者知识获得的问题上,社会建构主义心理学认为学习者不是一块白板,他们的知识不是通过教师传授而得到的,而是学习者在一定的情境即社会文化背景下,借助于教师和学习伙伴的帮助,利用先前的知识、经验以及必要的学习资料,通过意义建构的方式而获得的。学习者是意义的主动建构者,教师是意义建构的帮助者与促进者,情境、协作、会话和意义建构是学习环境中的四大要素。小组合作学习是"对话建构"的有效方式。小组"合作"不等同于小组"合伙",合作探究的前提是学生先自主学,然后带着自己的见解进行小组交流,小组合作的内容是学生独自解决不了的问题。为了让小组合作不流于形式,因而要建立合学型组织,完善小组合作机制。为提高小组合作的效率,教师在合作前需要出示小组合作要求,从而避免小学生不学或瞎学。

(1)环节1:学生自主探索。在这一阶段,教师并非直接告诉学生应该如何做,仅需针对不同的角色,向其介绍一些与任务完成相关的资料,或提出怎样充分利用好现有资料的建议,或提供一个完成任务的基本框架。在这一过程中,教师要站在略超前于学生智力发展水平的高度上,借助于提问、观察、交谈来引导学生对解决问题所需的策略进行探索。

（2）环节2：学生协作学习。在任务驱动式教学法的实施过程中，教师设计的任务最好是将学生分成小组进行讨论学习。教师要注意引导学生积极协作，让每个学生随时向小组成员传递自己已获得的资料、任务进展情况等，在互帮互助中共同进步，让每个学生的思维成果为整个小组所共享。教师要适时组织小组交流讨论，针对小组协作中遇到的问题，及时调整计划、进度，甚至调换角色，从而使各小组进一步把各自的学习活动深入进行下去。

可以说，环节1的存在表明任务驱动式教学法抛弃了传统教学中学生跟着教师的"指挥棒"转、被动接受知识的状况，使学生能独立思考、大胆尝试、自主探索，对学生分析问题、解决问题能力的培养十分有益。环节2的存在为学生的合作学习提供了良好的条件，通过将不同层次的学生组成一组来完成同一任务的方式，解决了学生知识与技能层次上存在差异的问题。学生通过合作学习，学会表达自己的见解，聆听他人的意见，理解他人的想法，学习他人的长处。

三、以评价为支架　让学生智慧地学

新课标理念下的课堂，应该是教、学、评一致的课堂。不仅教师要清楚学生达成的学习目标，学生也应该明确知道自己能做什么、该怎么做、做到什么程度。为了确定学生是否已经达成了这些目标，教师要设计相应的评价任务，用一种明确的方式表达目标和期望，也有助于学生和家长参与到对学生表现的评价中（自评、互评、家长评）。恰当的评价对学生的发展产生导向和激励作用，每个评价任务应包括评价目标、评价任务、评价量规和评价实施（含评价结果记录工具），这是对学生是否完成当前问题解决方案的过程和结果的评价。更重要的部分是对学生自主学习和协作学习能力的评价。例如，学生在合作学习活动时，以评价为驱动，结合"倾听、参与、评价、反思"几个维度，从职责履行、参与态度、信息接收、归纳思考、交流互动等方面，对小组成员任务完成情况进行评价。这样，学生在学习活动中就有了学习支架，从"学、展、评"方面形成有效的"知识建构""对话建构""活动建构"，创设真实有效的合作学习环境，让学生做"合学小主人"，让教

师成为学生的合学伙伴，从而实现教与学方式的有效转变。

"学本课堂"是具有以上特征的新型课堂教学形式，可以实现学生知识的共同构建，实现学生构建、探究和获取知识能力的培养，帮助学生培养良好情感态度和价值观念。"学本课堂"是未来课堂改革的主要方向，代表了新时期课堂教学的基本要求。在"学本课堂"教学中开展学习，学生会形成终身学习意识，实现个体的全面发展，并充分尊重个体差异。在"学本课堂"教学模式下开展学习的学生，有着正确的价值观念，对生活充满热情，积极向上，并具有创新能力和强大的自信心。

第二章　"学本课堂"建设的理论支撑

构建主义理论的核心就是主动学习的过程。建构主义学习理论所蕴含的教学思想对"学本课堂"建设中教师的知识观、学习观、学生观、师生角色的定位及其作用、学习环境和教学原则六个方面产生了积极的影响。苏联教育家、心理学家维果茨基于 20 世纪 30 年代提出了基于最近发展区理论的儿童教育发展观，最近发展区理论将个体与社会、教学与发展、外部与内部、现在与将来紧密地联系在一起，突出认知发展的社会性、发展方向的多样性、教学对发展的促进、合作学习的重要性，对教学产生了深刻的影响。"学本课堂"基于"建构主义理论"和"最近发展区"理论，将创设情境、设计任务作为课堂教学的驱动，创造了以学定教、学生主动参与、自主协作的新型学习模式，改变了课堂的教学结构，使课堂呈现出崭新的面貌。

第一节　建构主义理论

"学本课堂"是以学习者为中心的课堂教学形式，强调充分尊重学生的主体地位，重视学生个体和综合发展，注重学习自主学习能力的培养。在"学本课堂"之上，学生有一定的任务和目标，他们要积极开展合作、共同努力，才能很好地完成任务，实现学习目标。学生必须一起努力，为了共同的目标而学习。在"学本课堂"之上，学习者并不是只有学生，也包括教师和其他参与者。"学本课堂"实施的主要理论基础是构建主义理论。

一、建构主义学习理论的产生与发展

最早提出建构主义学习理论的是瑞士心理学家皮亚杰，后来，他的理论经过多位心理学和教育学专家的发展，形成了完整的理论体系。

（一）建构主义学习理论的产生

作为认知发展领域最有影响的一位心理学家，皮亚杰提出了认知发展理论。他的这一理论坚持以内因和外因相互作用的观点来研究儿童的认知发展。他认为，儿童是在与周围环境相互作用的过程中逐步建构起关于外部世界的知识，从而使自身认知结构得到发展。具体来说，当儿童可以用现有图式去同化新信息时，他的认知就处于一种平衡的状态；当现有图式不能同化新信息时，其形成的平衡就会被破坏，而顺应就是修改或创造新图式的过程，进而寻找到新的平衡。

（二）建构主义学习理论的形成

在皮亚杰上述理论的基础上，柯尔伯格在认知结构的性质与认知结构的发展条件等方面做了进一步的研究；斯腾伯格和卡茨等人则强调个体的主动性在建构认知结构过程中的关键作用，并对认知过程中如何发挥个体的主动性进行了认真的探索；维果茨基创立的"文化历史发展理论"则强调认知过程中学习者所处的社会文化历史背景的作用，在此基础上以维果茨基为首的维列鲁学派深入地研究了"活动"和"社会交往"在人的高级心理机能发展中的重要作用。所有这些研究都使建构主义学习理论得到进一步丰富和完善，为其实际应用于教学过程创造了条件。

二、建构主义学习理论的内容

建构主义学习理论有其基础思想，即学习是学习者主动构建内部心理结构的过程。这一学习理论提倡在教师的指导下以学生为中心的学习。在学习的过程中，学生是知识意义的主动建构者，教师是教学过程的组织者、帮助者、指导者和促进者。教师要创设情境，进行协作式学习和会话交流，也就是学生主动学习、协作探索的认知工具。

（一）学习的内涵

建构主义学习理论认为情境、协作、会话和意义建构是学习环境中的四大要素或四大属性。

1. 情境

学习环境中的情境必须对学生对所学内容的意义建构有利，而这就要使教学设计不仅要考虑教学目标分析，还要考虑有利于学生建构意义的情境的创设问题，并将情境创设看做教学设计最重要的内容之一。

2. 协作

协作贯穿学习过程的始终，它对学习资料的收集与分析、假设的提出与验证、学习成果的评价直至意义的最终建构均起着重要作用。

3. 对话

对话是协作过程中不可缺少的环节。学习小组成员之间一定要借助于会话商讨如何完成规定的学习任务的计划。此外，协作学习过程即对话过程，在此过程中，所有学习者的思维成果为整个学习群体所共享，因此，对话是达到意义建构的重要手段之一。

4. 意义建构

这是整个学习过程的最终目标，所以建构的意义是指事物的性质、规律以及事物之间的内在联系。在学习过程中帮助学生建构意义就是要帮助学生对当前学习内容所反映事物的性质、规律以及该事物与其他事物之间的内在联系达到较深刻的理解。这种理解在大脑中的长期存储形式就是前面提到的"图式"，即关于当前所学内容的认知结构。

（二）学习的前提

建构主义学习理论指出，学生学习的前提是教师成为学生建构意义的帮助者。教师要在教学过程中从以下几个方面发挥指导作用：一是教师要激发学生的学习兴趣，帮助学生形成学习动机；二是教师要借助自己创设符合教学内容要求的情境和提示新旧知识之间联系的线索，帮助学生建构当前所学知识的意义；三是教师为了使意义建构更有效，要在可能的条件下组织协作学习，并对协作学习过程进行引导，使之朝着有利于意义建构的方向发展。

在学生学习的过程中，教师要采用科学的引导方法，即提出适当的问题，引起学生的思考和讨论；在讨论中设法把问题一步步引向深入，以加深学生对所学内容的理解；要启发和诱导学生自己去发现规律，自己去纠正和补充错误的或片面的认识。

三、建构主义学习理论对"学本课堂"教学的影响

建构主义学习理论所蕴含的教学思想对教师的知识观、学习观、学生观、师生角色的定位及其作用、学习环境和教学原则六个方面产生了积极的影响。

（一）促进教师的知识观发生改变

建构主义学习理论认为，学习并非由教师简单地将知识传递给学生，而是由学生自己主动建构起来；学习是学习者根据自己的经验背景，对外部信息进行主动的选择、加工和处理，从而获得自己的意义；学习意义的获得是每个学习者以自己原有的知识经验为基础，对新信息重新进行认识和编码，建构自己的理解，从而让旧知识经验因新知识经验的进入而发生调整和改变。这一知识观让教师重新看待知识的学习过程，重视学生对知识的主动学习，在教学中，注意科学设计教学任务和教学过程，从而运用任务驱动，引导学生寻找到自己的学习方法，达到对知识的建构，让学生的学习成为一种自主学习的过程。

（二）让教师建立新的师生关系

建构主义学习理论要求建立新的师生关系，让教师成为学生知识建构的支持者、帮助者和引导者，师生之间构成一种新的关系。教师要成为学生建构知识的忠实支持者。建构主义学习理论的出现。对教师的作用重新进行界定，即教师由传统的传递知识的权威转变为学生学习的辅导者，是学生学习的高级伙伴或合作者。而要做到这点，教师需要做到以下三点：一是为学生创设一种良好的学习环境，如此一来，学生在这种环境中通过实验、独立探究、合作学习等方式来展开他们的学习。二是必须为学生提供恰当的学习支架，如问题型支架、操作性支架、诊断性支架，让学生通过导、学、评、测做好知识的建构。三是转变角色定位。教师成为学生建构知识的积极帮助者和引

导者，激发学生的学习兴趣，教师要创设符合教学内容和要求的情境，利用新旧知识之间联系的线索，尽可能地组织学生协作学习，让他们展开讨论和交流，并对协作学习过程进行引导，使之向着有利于意义建构的方向发展。

第二节　维果茨基的"最近发展区"理论

构建主义强调，人的学习行为是由内在驱动促使的，内在驱动既包括学习者的学习观念、态度和执行力，也包括学习动机和目标，这些在学习过程中发挥着主导的作用。学生主动进行学习才能实现知识的构建，构建主义理论的核心就是主动学习的过程。随着对教育与发展之间关系的研究的深入，苏联教育家、心理学家维果茨基于 20 世纪 30 年代提出了基于"最近发展区"理论的儿童教育发展观。他认为学生的发展有两种水平：一种是学生的现有水平，指独立活动时所能达到的解决问题的水平；另一种是学生可能的发展水平，也就是通过教学所获得的潜力。维果茨基提出的"最近发展区"理论影响了教育界数十年，其思想的光辉随着经验与实践的证明愈发显示出价值，有机地渗透到当代教育理论中，对"学本课堂"教学模式的创新提供了有力支撑。

一、最近发展区的概念与内涵

所谓最近发展区，是指"儿童独立解决问题的实际发展水平与在成人指导下或在有能力的同伴合作中解决问题的潜在发展水平之间的差距"。不同个体在最近发展区上存在差异，同一个体在不同情境中存在最近发展区的不同。这说明，学生的发展水平是一个变动的区段。正是在此基础上，维果茨基提出了"教学最佳期"这一概念，指出传统的教学定向于儿童思维已经成熟的特征，处于教学的最低界限，好的教学应该处于"教学最佳期"（即最低教学界限与最高教学界限之间的期限），而"教学最佳期"是由最近发展区决定的。

二、最近发展区理论启示下的"学本课堂"教学模式

维果茨基的"最近发展区"理论将个体与社会、教学与发展、外部与内部、现在与将来紧密地联系在一起，突出认知发展的社会性、发展方向的多样性、教学对发展的促进、合作学习的重要性。它对教学产生了深刻的影响。

（一）支架式教学

所谓支架式教学，是指美国著名教育心理学家布鲁纳依据维果茨基的"最近发展区"理论提出的一种教学模式。布鲁纳用原属于建筑行业中"支架"一词比喻教学中教师对学生的帮助，以此形象地说明通过教师的帮助，管理学习的任务逐渐由教师转移给学生，最后促进学生独立学习能力的形成。支架式教学由以下几个环节组成。

1. 搭脚手架

围绕当前学习主题，按最近发展区的要求建立概念框架。

2. 进入情境

将学生引入一定的问题情境（概念框架中的某个节点）。

3. 独立探索

让学生独立探索。探索内容包括确定与给定概念有关的各种属性，并将各种属性按其重要性大小顺序排列。探索开始时要先由教师启发引导（例如演示或介绍理解类似概念的过程），然后让学生自己去分析；探索过程中教师要适时提示，帮助学生沿概念框架逐步攀升。教师起初的引导、帮助可以多一些，以后逐渐减少，放手让学生自己探索。最后要争取做到无需教师引导，学生自己就能在概念框架中继续攀升。

4. 协作学习

进行小组协商和讨论。讨论的结果有可能使原来确定的、与当前所学概念有关的属性增加或减少，各种属性的排列次序也可能有所调整，并使原来多种意见相互矛盾且态度不一的复杂局面逐渐变得明朗一致起来，在共享集体思维成果的基础上达到对当前所学概念比较全面、正确的理解，最终完成对所学知识的意义建构。

（二）指导自主学习

维果茨基的"最近发展区"理论对于自主学习起到了促进作用。所谓自主学习，是指相对于被动学习及机械学习而言的一种学习方式，是学生在无他人监督的情况下而采取的一种学习方式。在这样的学习过程中，学习者自己来衡量自身的潜在学习能力，根据自己的最近发展区更好地制订适合自己的学习计划，并且在实施学习计划中及时发现问题，不断反思、调整、修改和完善，不断回顾自身已达到的能力水平，直到发现适合自己的、最有效的学习方法，重新制订新的学习任务，最终挖掘出自己的发展潜能。

（三）合作型教学

维果茨基的"最近发展区"理论对教学理念最直接的影响是关注课堂教学中人与人之间的互动与合作、关注学习情境对学习的巨大影响，赋予互动学习中的教师与学生完全不同于传统教学的崭新角色。这些宝贵的思想在日渐盛行的合作型课堂教学中得到了有力诠释。合作型教学的突出特征是师生之间知识共享；师生之间权威共享；教师即中介者；不同水平的学生分为一组。学生的观点、经历、背景对丰富和充实课堂学习是非常重要的。在合作型课堂中，每位学生都可以向他人学习，每位学生都有机会为他人做出贡献，同时分享他人的贡献。

合作型教学的上述特征，要求教师与学生的角色发生巨大改变。教师的作用是根据中介学习的需要，通过与学生的对话与合作来界定的，主要体现为促进、示范、辅导作用。从学习内容的角度来讲，教师的示范经常表现为说出他们使用的思维过程、预测某一科学实验的结果、概括某一段落的大意、表征并解决某一难题、组织复杂的信息等。学生的角色体现为共同活动的合作者和积极参与者。这些新的角色影响了学生在学习之前、学习之中和学习之后开展的活动。教师作为促进者帮助学生完成这些任务。

（四）情境式教学

学生是积极主动的"学徒式学习者"，而非被动地接受知识。任何学习均处在一定社会或有实际意义的背景下，这里所说的背景就是特定的情境，它包括学习者的原有经验、所处的社会文化系统、课堂中与教师和同伴的相互作用等方面。因此，教师在教学过程中要借助情境，引导学生从旁观者逐渐过渡到教学活动的参与者，在社会互动中获得知识和技能。此外，心理学的相关研究还告诉人们，目标和任务的制订能有效地调动人们的有意注意，从而提高工作效率。而活动是形成人的各种能力的基础，人类有目的的学习活动和交际活动就形成了人的语言、心理、个性、意志、动机、情感等素质。中小学生处在心理发展的高峰期，把任务驱动型教学引入课堂，无疑是符合学生身心发展规律的。任务驱动下的学习，能够充分调动学生"五动"（即动眼、动手、动耳、动口、动脑），是开发综合能力的重要方式。心理学研究还告诉我们，学生生理官能与大脑思维器官参与学习的部位越多，活动越积极，对吸收知识、提高技能、增强能力越有利。任务的内容可以包罗万象、丰富多彩，任何学习活动都可以任务化。

"学本课堂"基于维果茨基的"最近发展区"理论，将创设情境、设计任务作为课堂教学的驱动，创造了以学定教、学生主动参与、自主协作的新型学习模式，改变了课堂的教学结构，使课堂呈现出崭新的面貌。

第三章　"学本课堂"建设的应用价值

　　课堂教学是学校生活最基本的组成部分，直接影响学生当前及今后的发展。从一定意义上讲，对"学本课堂"的探索代表了新时期课堂教学改革的方向。这种课堂是指向学习者学会终身学习、指向人的全面发展和个性发展的。"学本课堂"上，知识是有生命力的，学生要亲身去经历知识发展的曲折过程，感知知识中蕴含的智慧与能量，在这个过程中，学生可以感受学习与思考的乐趣，发现自我存在的价值和学习的意义所在；学习的形式是多样化的，包含了个人探究、小组合作、师生共探，学生在个人探索中学会自主学习的方法，形成独立思考的能力，在小组合作中逐渐形成团队合作能力、人际交往能力、表达能力，在师生共探中逐步形成质疑能力、归纳推理能力等；师生关系出现了新的变化，学生是问题的发展与解决的主体，居于课堂的中央，教师是学生智慧力的发现者与促进者，同时也是需要不断成长的智慧个体。也就是说，课堂生命体将随着学生身心发展规律和认知发展规律，逐步从教师以传递和控制为中心的"教本"课堂，走向以师生合作学习为中心的"学本"课堂。

第一节　"学本课堂"建设的应用价值

　　指向"深度学习"的"学本课堂"是以教师引导下的学生主动学习为基础，以新型师生对话关系为纽带，通过教师、学生与教学目标、教学资源、教学媒体的交互作用而使学生在知识能力、情感态度、创新思维等核心素养上都得到主动和全面发展的一种有组织、有计划的育人活动。深度学习作为一种先进的学习理念指导课堂变革，同时也是课堂教学变革的终极目标。它是建

21

立在学生自主学习基础上，以促进学生学习能力的负责和可持续性发展为目标的重要教学理念和教学策略。

基于此，我校确定此课题从实践层面探索研究解决上述问题。现有的关于深度教学与深度学习的研究与我们的课堂结合甚少，偏重于导学形式的研究，教学模式化、雷同化，普适性不强，尤其是在知识的联系与构建、迁移与应用的联结建构方面比较薄弱。

"学本课堂"强调"学生为中心，以学定教，教为学服务"的教学观，要求教师以学生发展为本，面向全体学生，促进学生的发展，主要运用小组团队合作的形式，让学生学会结构化预习，培养他们的自主学习能力，让探究性学习成为一种习惯，采用多元评价方式，营造轻松、愉悦、积极的教学氛围，最终让学生从"要我学"变成"乐学、善学"。

根据"学本课堂"的理念，基于目前"学本课堂"研究中存在的问题，本研究课题从以下几方面进行探索研究。

一、对"学本课堂"的探索

1. "学本课堂"教学流程的建设

以"自主预学—合作共学—交流展评—课后延学"四阶学习作为课堂教学模块，帮助学生以问题为主线构建学习方法与模式，培养学生的自主学习能力，打造具有高阶思维的深度学习的课堂。

2. 基于学情分析的三种工具单的设计

做好学情分析，设计指导前置学习的"导学任务单"，基于"原生问题"，提炼显示深度学习意义、体现学生深度学习需求的"共生问题"，设计"合作共学单"，引领学生合作探究，并根据学生的课堂学习情况，建立问题关联，设计"课后延学单"，依托"衍生问题"，促进学生迁移运用，使学生的学习有质有效。

3. 小组合作学习共同体的建构

通过培训，使教师具有支持学生深度学习的教学设计能力和教学智慧，能创造一个支持学生自主学习的课堂环境,给学生提供有效合作学习的机会。

帮助学生建立合学型共同体,指导学生形成有效"对话建构"和"活动建构",让学生真实经历合作的过程,在共学中解决问题,衍生智慧。

经过多年的研究发现,此课题具有如下应用价值。

二、"学本课堂"建设的价值

1. 转变角色定位,更新教学观念

在传统的课堂中,教师的主要作用是传授知识,而学生被动地接受,课堂气氛往往比较沉闷。"学本课堂"建设让教师走下讲台,到学生中去,更有耐心地倾听学生的声音,而不是代替他们发声。让学生成为课堂的主人,而教师只是作为学生学习的引导者和合学伙伴,和学生共同探讨和交流对问题的看法,对学生的合作结果进行分析和评价,并提出自己对问题的见解。学生成为课堂的主人后,学习环境就变得比较宽松,思想得到解放,课堂气氛更加活跃融洽。不仅学生与学生之间可以自由平等地进行交流,学生还可以在课堂上对教师进行质疑。这种变化极大地激发了学生的学习积极性,增强了学生的自信心。在传统的课堂中,教师的教学总是依赖于教案,教案怎么写,他就怎么教,整个教学过程枯燥乏味。而"学本课堂"教学背景下,教师走出了教案,取而代之的是以"三种工具单"为依托的学案,比起关注教师怎么教,更加关注学生怎么学。

2. 优化课堂学习方式,提高学习兴趣

在学本式课堂教学中,只有通过科学的引导激发学生的学习兴趣、培养学生良好的学习习惯,才能真正发挥"学本课堂"教学的真正作用。"学本课堂"教学的核心是让学生爱上学习,主动去学。教师可依据学生个体差异创设教学情境,营造适宜的教学氛围,引导学生进入课堂教学。教师在进行"三种工具"设计时,应分层设计基础性可操作任务、合作探究任务、解决生活问题的挑战性任务,并且通过自我评价、合学评价、展学评价、进阶性综合评价,将"教、学、评"有机融合,指导学生主动参与学习,有效有质地进行学习,综合应用探究式教学、小组合作学习、问题驱动等教学模式;遵循同步并进、循序渐进的原则,充分激发学生的学习兴趣和参与欲望。

3. 加强合学组织建设，提升学习效率

合学型组织建设是保障课堂学习效率的重要前提，但在过去的课堂中，每个小组总是有一两个学生无法参与到小组讨论中，更谈不上有什么收获和感悟。针对课堂上经常出现的虚假合作现象，"学本课堂"从解决问题入手，首先通过"导、学、展、评""四位一体"的学习支架建设，培养学生良好的合作技能，通过合作贡献值评价量表的设计，引导学生明白如何合作、如何参与合作，实现学习效果的最优化。第一，引导学生进行思考性的倾听，学会认真听别人表达，提取有用的信息。第二，引导学生进行正确的表达，确保表达内容被准确地传递。发言的内容要紧紧围绕讨论的话题，表达出来的观点要有证据证明，增强说服力。第三，学生之间要学会相互帮助，在遇到困难时，要学会准确地向教师或组员求助。第四，在小组合作学习结束后，要进行反思，再现合作学习的过程，查漏补缺，为以后的学习提供有力保证。第五，在倾听别的小组发言时，让学生明白如何有效倾听，融入并参与其中，思辨性地参与互动并吸取重要信息，完善自己的学习过程。学生从自主学习到学会合作学习、主动学习，大大提升了学习效率。

为了准确深入地了解"学本课堂"建设的实施效果，学校设计了师生调查问卷，对本校52位教师进行了调查访谈，其中有25人选择已经意识到自主合作探究的重要性且经常使用这种教学方式，20人选择已经意识到新课程倡导自主合作探究的重要性且偶尔使用这种教学方式，只34位教师已经通过设计"导学任务单"，用问题驱动学生深入学习。其中，21人使用"三种工具单"引领学生深度学习。

在对学生的课堂观察中我们发现，学生在主动探求知识方面已经有了明显的进步。学生由最初的不愿意上台展示自己或者不够自信会表达，转变成现在的多数同学愿意上台展现自己；由最初的被动听课、"老师说的都是对的"转变成现在的敢于表达自己的想法，敢于向教师提出自己的困惑和疑问。课堂上，学生的倾听力、专注力明显提升，经常会出现不一样的想法，学生思维的广度和深度都得到了提高。

第二节 "学本课堂"建设的实践意义

指向深度学习的"学本课堂"的理论基础是素质教育思想、终身学习理论和建构主义学习论,其实践依据是我国未来学习型社会发展和创新型国家建设的需要。从一定意义上讲,对"学本课堂"的探索代表了新时期课堂教学改革的方向。这种课堂是指向学习者学会终身学习,指向人的全面发展和个性发展的。

《基础教育课程改革纲要》中指出:"教师在教学过程中应与学生积极互动,共同发展,要处理好传授知识与培养能力的关系,注重培养学生的独立性和自主性,引导学生质疑、调查、探究,在实践中学习,促进学生在教师指导下主动地、富有个性地学习。"然而,在实际的教育教学中,学生自主学习意识和能力的情况都不容乐观。现代社会竞争激烈,学生面临的升学的压力也越来越大,家长对于学生升学的期望值也越来越高,这让许多低龄学生也感受到升学与就业的心理压力。相关调查表明,目前中小学生的学习问题主要表现为以下三个方面:一是学生的厌学情绪越来越重且具有厌学情绪的学生也越来越多;二是多数学生学习不讲究科学的学习方法,学习效率不高;三是有相当一部分学生一到考试就紧张,存在"考试焦虑症"。

"学本课堂"建设全过程都体现了"师生共备""师生共学""师生共拓"的新思维,教师的身份为"大同学",首要任务是指导学生学会学习,同时自己也是合作学习者。这种角色转型促使教学方式由"教师讲授型"走向"自主合作探究型",课堂性质从"教师控制型"向"合作对话型"转型,使学生真正成为学习的主人。

一、设计探索情境 使学生乐于主动参与学习

传统的课堂中,教师问、学生答成为一种固定模式,这使得部分学生不愿参与到这样的活动中。"学本课堂"中,学生成为课堂真正的主人,教师需要创设与当前学习主题相关的学习情境,引导学生带着真实的"任务"进

入学习情境，使学习更加直观和形象化。在教学实践过程中，创设情境是一个非常重要的环节，它直接影响教学的效果。因为无论教师设计的任务有多好、包含多少知识点，如果不能激发起学生要完成相应任务的主观能动性，那么任务驱动式教学法都无法成功开展。"学本课堂"建设将情境设计融入学习工具单，如"导学任务单"通过"学习目标我了解—走进精彩导航台—打开智慧资源库—我会主动来学习—开启智慧小讲台—带着疑问进课堂—成长之路我评价"几个主题版块，给学生带来体验学习的乐趣；教师根据"导学任务单"的反馈，找到每个学生学习的优势点，为其提供自主展示的舞台。课堂上核心问题的解决也来自学生的"原生问题"，调动了学生的学习内驱力。在"我的智慧我分享"板块，给学生提供展示分享的舞台，因为有多级选择，所以每个等级的学生都能体验成功的感觉。学生可以在课堂规则下自主开展学习活动和分组交流活动，这样易于学生形成放松的心理状态，从而更大程度地调动学生运用自己的潜力主动解决学习问题的积极性，激发课堂活力、放大课堂效能。

二、打造合学型共同体　使学生拥有自主学习的智慧

"合作学习"是目前普遍使用的一种学习方式，在学生产生合作意向、坐在一起学习时，合作学习却未必能顺利地开展。"学本课堂"的调查问卷中有这样一个问题："当小组进行讨论时，你能否融入团队中，起到出谋划策、帮助大家解决问题的作用？"有将近一半的学生选择有时能融入团队中，有30.4%的学生很少能融入团队，甚至有9.6%的学生不能融入团队中，更无法起到出谋划策、帮助大家解决问题的作用。学习过程中"合而不作""合而无效"的现象的原因，主要是由于学生缺乏必要的小组合作技能和人际交往技能。想要激发学生的学习热情，首先要让学生觉得学习的内容是可以通过努力获取的，而不是遥不可及的，即学习的内容要落在学生的最近发展区。"学本课堂"强调问题在学习中的重要性和合作在学习中的实效性，通过合学型智慧导学方法的建构，培养学生主动学习的意识和能力，因此，教师要围绕教材目标，根据教学内容的重难点，并结合本班学生的学情，设计既能引起

学生学习兴趣、产生学习内动力，又能充分发挥小组互助学习功能的合学案。合学案不仅要有适合学生合作学习的问题，更要通过各级评价表中的评价量规，指导学生如何专心地听别人的发言，如何边听边想并及时做好笔录，积极思考；怎样围绕观点的中心有条理地进行表述，学会求助；学会建议与接纳，怎样完善自己的想法，最终评价组内不同职责的成员履行职责的情况和实际贡献值，从而建立有效的"对话建构""活动建构"。通过合学型组织的建设，创设真实有效的合作学习环境，让学生学习合作、善评价反思、有学习智慧。

三、搭建迁移反思支架　构建学生高阶思维能力

"学本课堂"建设是一种以建构主义学习理论为主，融合美国著名教育学家布鲁纳提出的"支架式"教学模式的一种新的教学方式。建构主义学习理论强调，学生的学习活动必须与任务或问题结合起来，创设真实的教学环境，让学生带着真实的任务学习。每个学习者以自己原有的知识经验为基础，对新知识进行重新的认识与编码，达到对知识的建构，教师成为建构知识的积极帮助者和引导者。"支架式"教学模式包括"预热—探索—独立探索"三个环节：预热是将学生引入一定的问题情境，并提供可能获得的工具；探索是指教师现为学生确立目标，让学生探索尝试，教师会对探索的方向加以控制，在此过程中，逐步增加问题的探索性；独立探索则是教师放手让学生自己决定探索的方向和问题，进而让学生探索不同的问题。综上所述，"学本课堂"建设更重视知识的迁移与运用。所以，设计"迁移延学任务单"以"学习总结＋反思评价＋解决实际问题"的思路架构让学生学会梳理知识、提炼要点，反思自己的不足，在具体的问题解决中提升综合运用知识的能力。在"延学任务单"的"知识反思与梳理"环节中，教师可以推荐鱼骨图、韦恩图、树状图等图示，让学生依据不同的学习内容与课型，去选择最清晰有效的知识梳理方式；在"问题巧解决"中选择生活化、情境化的开放问题。培养学生形成"知识回顾—总结反思—问题解决"深度思维能力，形成"理解—建构—迁移"的高阶思维，让学生产生"门槛体验"，知道在做什么、如何做、做到什么程度以及学的作用与意义，把学生的经历综合起来形成有意的整体，

建构"知识问题化—问题思维化—思维迁移化"的高阶思维能力。

综上所述，我们把学生、教师的生命活力融入课堂时，课堂也被赋予了生命活力。因此，我们可以将课堂视为一个动态生命体，它将随着学生身心发展、认知发展规律而不断发展和成熟。也就是说，课堂生命体将随着学生身心发展规律和认知发展规律，逐步从教师以传递和控制为中心的"教本"课堂，走向以师生（都是学习者）合作学习为中心的"学本"课堂。在这个过程中，教育越来越回归本质，即实现自我教育，教学也越来越回归本质，即学会学习。在民主、和谐、人文的合作学习氛围中，学生逐渐成长为喜欢学习、会自主学习、善合作学习、有学习智慧、有学习权利的人。

第四章 "学本课堂"建设的内涵

"学本课堂"是以学生为本,由学生、教师共同参与学习,以问题为导学,通过自主学习、合作学习、对话学习、探究活动等学习方式来建构知识,训练高阶思维,培养学生学会学习、学会终身学习的课堂。本课题基于"学本课堂"的特征,从要素、关系、方法、策略、组织、工具等方面挖掘"学本课堂"建设的内涵,从实施途径、整体结构、推进策略、应用技术与效果方面架构清晰、可操作的框架体系;打造三种课堂样态,让课堂焕发生机;建立四阶课堂教学模块,体现以学为本;提炼一种教学方法,构建深度学习课堂;开发一种课堂观察技术,深化研究实效,打造由"知识传递"走向"知识建构"的新路径。

第一节 "学本课堂"建设的内涵与特征

"学本课堂"倡导"以学习者学习为本"的核心理念,追求"一切为了促进学习者和谐成长、全面发展"的学本教育目标。

一、"学本课堂"的内涵

"学本课堂"是以学生为本,由学生、教师共同参与学习,以问题为导学,通过自主学习、合作学习、对话学习、探究活动的学习方式来建构知识,训练高阶思维,提升学科素养,培养学生学会学习、学会终身学习的课堂。指向"深度学习"的"学本课堂"是以教师引导下的学生主动学习为基础,以新型师生对话关系为纽带，通过教师、学生与教学目标、教学资源、教学媒体的交互作用而使学生在知识能力、情感态度、创新思维等核心素养都得到主动全面发展的一种有组织、有计划的育人活动。培养学生从最简单的浅层学习，逐渐向较为复杂的深度学习跨越。

（一）让学习者真正成长为课堂的主人

"以学习者学习为本"的理念能够从根本上改变传统的师生关系，强调教师身份为"大同学"，首要任务是指导学生学会学习，同时，自己也是合作学习者，以此身份参与学生的各种学习活动。教师与学生在学习过程中要平等交往、真诚交流、合作探究，通过学习者对话来解决问题，实现学习目标。这种角色的转型，促使课堂方式由"教师讲授型"走向"自主合作探究型"，有效促进教学方式转型。以"学习者学习为本"的理念有助于创建民主、和谐、平等的合作学习氛围，有效促使课堂性质从"教师控制型"向"合作对话型"转型。"以学习者学习为本"让学生成长为拥有学习的权利的地位、有学习的自由和空间的课堂主人。

（二）体现由"知识传递"走向"知识建构"

"学本课堂"是知识建构型课堂，即是教师、学生及其他参与者共同的"学习场所"，其内涵体现在"知识建构"。一是自我建构。在"学本课堂"建设过程中，学习者始终是以任务驱动为主线，共同围绕问题开展自主性、探究性、活动性学习，在学习者原有认识、经验基础上形成新的认识和经验，学习者通过积极思考、实践、探索和评价实现知识的"迁移"，学习者在知识建构活动过程中，逐步掌握自主学习方法。二是"对话建构"。"学本课堂"重视合学型组织建设，倡导团队学习、合作学习、对话学习，强调师生通过合作对话来建构知识。学习者在课前自主建构知识基础上将围绕发现、生成问题，开展合作探究、对话建构活动，并通过学习者之间的和谐对话活动使每位学习者的信息得以交换、认识得以升华、见解得以交流、思想得以融合、问题得以解决，从而达到倾听分享、反思提升的学习目的。在"对话建构"过程中，教师的作用主要体现在智慧导学。三是"活动建构"。"学本课堂"倡导师生合作探究，学习者根据不同的驱动性任务和要求开展探究性实践活动，如动手操作、实验探究等实践探究活动，并通过探究活动使学习者发现问题、生成问题，继而对发现、生成问题进行新一轮的合作探究，使问题得到更加科学地解决。"学本课堂"强调通过探究活动来建构知识，真正体现"做中学"教育思想。

（三）由"单向控制"走向"多元民主"

"学本课堂"建立的是"问题导学型课堂"，这是体现问题解决学习为特征的知识建构型课堂，目的是培养学生以问题学习为主线的自主合作探究学习能力，最终培养学生多元思维能力和实践创新能力。教本课堂的主要特征是"教师主导"思维下的"单向控制"，而"学本课堂"的主要特征是在"师生合学"思维下的"多元民主"。其外部表现特征为：一是学习者之间建立多元、双向的对话关系。二是在学习者关系上呈现开放、民主的人文关系，在生生互动交流、师生交往交流中找到自尊自信互爱、体验成功快乐、品味成功愉悦。三是学习氛围上呈现和谐、促进的合作关系。四是学习方式上呈现平等、互助的团队学习。五是课堂视域上关注学习过程，指向学习者终身学习意识和能力培养。六是建立多元民主评价。

"学本课堂"体现以评促学的思想。在学生完成任务前，为了让学生知道该怎样去自主学习、合作学习、拓展学习，要先建立自主评价、小组合学、组际展学、课后延学评价量表，通过进阶性评价量表，从学习态度、学校效果等方面指导学生，并发挥自我、小组、师评等多元评价促进学生的乐学、会学、深度学。

基于"学本课堂"的内涵，在研究实践中提炼出"学本课堂"的六大特征。

1. 要素：将"问题"嵌入课堂

在教本课堂教学中，课堂教学基本要素为"学生""教师""课程"和"环境"四个要素，多数教学强调这四个基本要素的关系和变化，忽视了内在的隐形要素，如目标、情感、问题、思维、潜能等。在"学本课堂"中，特别强调以任务为驱动，设计情境化的任务，突出"问题"要素的地位，全程体现知识问题化、目标问题化理念，追求"问题"为主线的学习，将隐形的"问题"要素提升为显性的核心要素。

2. 关系：师生建立"大小同学"式关系

教师要根据学生身心发展情况、认知能力发展情况，逐步实现由教师讲授、教师指导走向与学生共同合作、解决问题的"大同学"模式。当教师走进"学本课堂"教室时，即刻转换身份，在真正意义上与学生建立民主、平等、人文、自由、开放的合作学习关系，建立一种平等的合作、对话、协商、和谐、发展的同学关系。在平等、自由、和谐的对话氛围中，以理性和智慧的方式与学生共同发现问题、分析问题、解决问题，提高单位时间内的学习效率，高质量地实现学习目标。

3. 方法：采用建构式主动学习法

在教本课堂中，教师最擅长使用的教学方法是讲授法、提问法和启发法。在"学本课堂"视野下，教师将对教学方法进行深度创新：将被动式、接受性教学法创新为主动式、建构性学习法。学生要成为意义的主动建构者，就要在学习过程中在以下几个方面发挥主体作用：一是要用探索法、发现法去建构知识的意义；二是要在建构意义的过程中主动去收集并分析有关的信息和资料，对所学习的问题要提出各种假设并努力加以验证；三是要把当前学内容所反映的事物尽量和自己已经知道的事物联系起来，并对这种联系加以认真思考。所以，这种课堂主要采用的学习方法是自主探究学习法、合作探究学习法、展示对话学习法、问题发现法、高级思维训练法等，以便做好知识的建构—对话建构—活动建构—思维建构这一思维过程。

4. 策略：开发合学型智慧导学策略

在"学本课堂"视野下，将对教师如何进行智慧导学进行深度创新，积极倡导建构型学习思维和合作型智慧导学意识。"学本课堂"是学习者自主学习、合作学习的课堂，师生在民主、人文、和谐的氛围中通过平等对话、共同合作来解决问题，丰富人生情感，促进能力成长。作为教师，要开发合作型智慧导学策略，根据学生的学习需要给予智慧引导，启用多元激活策略。当学生之间的交流遇到困难时，教师可采用"二次讨论"策略、"诱思引导"策略和"直接指导"策略，让学生在"大同学"智慧导学支撑下得到最大限度的发展。

5. 组织：建立小组合作团队学习平台

"学本课堂"是学习共同体课堂。在小组合作团队学习机制方面建设"四轮驱动"合学型组织，小组四人根据不同的层次，履行组长、记录员、计时员、观察员职责。通过合作学习，让成员自己理解所承担的任务和角色，并在尽心完成任务的同时，与其他同学开展好合作。组内成员体验不同的角色分工，加强与组员的交流，彼此理解。同时，在小组组建一段时间后，教师要对组内成员的角色分工进行调整，定期轮换角色。

6. 工具：使用进阶式学习工具单

学习工具单是教师根据教材和学情设计提供给学生进行自主学习，以达成学习目的的一种支架。学习任务单相当于"指路牌"，从"做什么""怎么做""做到什么程度"等方面给学生提供思考的方向与指导：①预学单设计可操作性任务通过前置评价，指导学生有效预习，使学生知道自己的学习定位，提出"原生问题"；②合作共学单提炼原生问题，形成共生问题。以探究性的任务指导合作学习，聚焦重点，破教学疑难；③迁移延学单重在梳理迁移和诊学，教师设计贴近生活实际的挑战性任务，学生围绕有意义、有深度的主题式学习任务，或独立思考，或合作探究，或体验成功，真正实现小学语文课堂的深度学习。因此，通过"三单"设计阶梯式、活动式的学习任务单，发展学科核心素养，如图4-1所示。

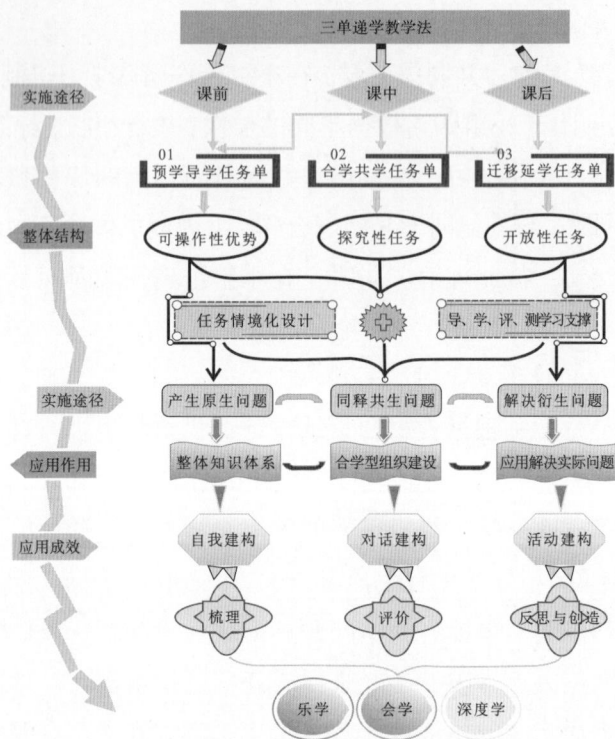

图 4-1   "三单递学"教学法

第二节   "学本课堂"的建构与实施路径

2021 年 6 月，我校成功指向"深度学习"的"学本课堂"建设研究成功立项为山东省教学研究课题。所谓"深度学习"是指学习者能够批判性地学习新的知识和思想，并加强新旧知识间的联系与迁移，作为决策和解决问题的一种学习方式。简要说就是培养学生具备最重要的一项能力——学会如何学习。

基于"学本课堂"的内涵和特征，建构以下教学路径与模型。

一、建立框架体系   明确目标任务

基于对建构主义理论的学习，结合对教育部"中国学生发展核心素养"要义的解读，从实施途径、整体结构、推进策略、应用技术与效果方面架构清晰、

可操作的框架体系。如图 4-2 所示。

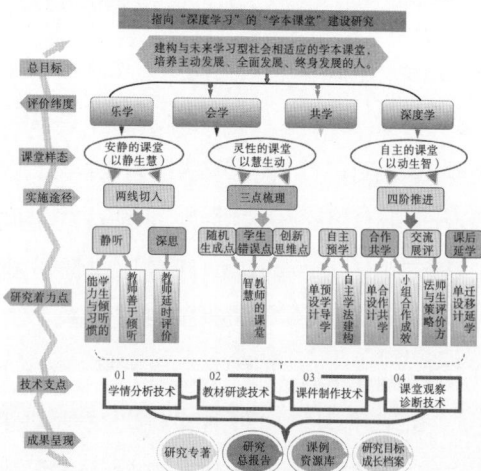

图 4-2 指向"深度学习"的"学本课堂"建设研究

二、打造三种课堂样态 让课堂焕发生机

一是"安静的课堂样态":从学会"静听"与"深思"两点切入,研究教师的肢体语言、教学情境创设、学习方法的建构、评价激励手段的运用对学生提升学生倾听力的影响,打造师生交互式的"安静的课堂。

二是"灵性的课堂样态":从"预设与生成"的转化为研究点,以教师的"智慧生成"作为研究目标,探索课堂教学中巧妙抓住"随机生成点、错误转化点、创新思维点"的"三生智慧",打造充满智慧的"灵性的课堂"。

三是"自主的课堂样态",将"知识建构"作为研究切入点,以"学、展、评、测"作为四阶推进教学结构,以进阶式三种学习工具导学链条,打造"自主学习—合作学习—深度延学"的具有深度学习力的"自主的课堂"。

三、建立四阶课堂教学模块 体现以学为本

遵循学生的认知和思维发展规律,以"自主预学—合作共学—交流展评—课后延学"作为四阶课堂教学模块,帮助学生以问题为主线构建学习方法与模式,培养学生自主学习能力,打造具有高阶思维的深度学习的课堂。

在教学实践中,提炼"三单递学"教学法。"三单递学"教学法中的"三

单"指以搭建大单元整合的结构化任务框架为载体、以问题为驱动、以学法指导为建构，在"学本课堂"建设中开发"导学任务单""合学任务单""延学任务单"这三种学习任务单作为指导学生自主学习的工具。"递学"有传递共享、逐级渐进的意思，指通过"三单"将系统的学习任务有侧重、有联系、有梯度地逐级推进，教师针对一个单元或者一个阶段，以贴近学生生活的情境串引导，设计系统化学习任务，从"原生问题—共生问题—衍生问题"，以及"可操作任务—探究性任务—开放性任务"进阶式推进，分解到"导学任务单—合学任务单—延学任务单"三种学习工具单中，让板块之间发生内在联系。"三单"在结构设计上体现"导、学、评、测"的"四位一体"学习支架，建立有效的"知识建构""对话建构""活动建构"，通过"导学任务驱动—新知任务探究—巩固任务提升—挑战任务深化"，培养学生全息视域下的深度学习思维，建构"教、学、评"一体化研究支架，打造"知识问题化—问题思维化—思维迁移化"的深度学习的课堂。

四、开发一种课堂观察技术　深化研究实效

落实"教、学、评"一致性的理念，充分发挥评价对于促进教与学的作用，基于"学会什么""怎么学""如何展现""学到什么程度"四维目标，开发基于"行为表现＋行为条件＋表现程度"的"C＋V＋P＋N"目标结构课堂观察技术。通过"学生执行的表现任务"＋"用以判断结果和表现的评价的课堂观察量表"两条途径实施，从课堂结构、活动转换、学生学习状态、师生互动、前后测效果等进行"多维"课堂观察。观课教师基于客观的观察量表和学生学习任务单完成情况等，做好关键性教学事件、教学任务、学习结果水平的质性描述和量性数据分析，授课教师形成全面细致的课堂诊断评价报告，促使教师重新审视自己的教学和角色定位，从而促进教师不断反思课堂教学，深化课题研究的成效。

第五章 "学本课堂"建设的建构基础
——倾听力培养

　　"学本课堂"建设以倾听为前提，从"静听＋深思"两个层面来营造"安静的课堂样态"，从而培养学生的深度学习能力。"学本课堂"教学是置身于教育教学情境中的教师和学生间的交流活动，教师的倾听对实现教师和学生的有效交流、凸显学生的主体地位、促进师生共同发展具有重要的意义。本章节从教师如何通过肢体语言提升学生倾听意识、如何创设有效的教学情境、如何提升学生的学习兴趣入手，培养课堂倾听力，借助有效的学习方法，培养学生的深思能力，从而为"学本课堂"提供重要的建构基础。

第一节　当前师生倾听力现状分析

　　苏霍姆林斯基也曾说过："教育艺术的基础在于教师能够在多大程度上理解和感觉到学生的内心世界。"没有倾听就没有交流，就不存在真正的教育。教师的倾听能力和倾听习惯，与教育成败紧密相关。

　　"学本课堂"建设以倾听为前提，从"静听＋深思"两个层面来营造"安静的课堂样态"，从而培养学生的深度学习能力。但是根据课堂观察、学生问卷调查以及教师访谈的结果来看，目前小学生的倾听能力存在的一些问题。

一、当前课堂师生倾听力现状

（一）学生缺乏主动倾听

有效倾听者能够积极主动地倾听他人的言语或非言语信息。倾听的主动性代表倾听意识的强弱，倾听意识在很大程度上决定了倾听的效果。根据笔者的课堂观察，每节课有 2/3 的学生不会主动记笔记，其中还有部分学生会做笔记但不会精简内容，把老师说的全部记下来，没有自己的思考。可见，多数学生的主动倾听意识薄弱，被动甚至盲目地接收课堂信息。长期的被动接受可能会降低学生的学习动机和学习兴趣，从而导致学生的思维无法得到发展。学生缺乏主动倾听还表现在学生在倾听时缺乏情绪上的参与，他们可能表现出了"听"的姿态，但是实际上并没有实现"倾听"的效果，也就是"虚假"的倾听。例如，在教师访谈中，一位六年级语文老师兼班主任说，她班级的一位学生上课时非常认真地听讲，老师在讲的东西他都会认真地记好笔记，但是成绩一直没有什么提升。这位学生很有可能存在"虚假"倾听的问题。身体参与是显性问题，而情感参与属于隐性问题，较为隐蔽且难以观察辨别，学生表面上看起来在认真倾听，边听边记笔记，但实际上只是拿耳朵听，没有用心去听，也没有去思考。

（二）学生缺乏深层次倾听

这里所说的"深度理解"，也就是对话教学中对所倾听到的语言信息的深度理解。倾听过程的理解环节是难以直接观察和量化的，理解能力受到学生的思维、心理、自我认知等因素的影响，导致每个学生的个体差异性是切实存在的。因此，我们可以尝试从不同层次的理解性倾听能力入手，观察学生的理解倾听能力水平。第一个层次是能够做到专心倾听教师或同学的发言内容；第二个层次是对听到的内容进行较为客观的理解分析；第三个层次是能够站在他人的角度理解对方的言论。缺乏深层次理解倾听的学生做不到以上的三点。学校对五年级的语文、数学、科学学科随机抽取的两节课进行课堂观察并总结情况，如表 5-1 所示，可以看出，学生在倾听时缺乏深层次的理解，大部分学生的理解处于字面理解的程度，不能理解语言信息中所蕴含的深层意义，更无法从言说者的角度出发与其产生情感交流和共鸣。

表5-1 "学生倾听力"课堂观察量表

观察视角	观察维度	观察点	占比（%）
学生对教师或同学的倾听	注意	能安静倾听教师或同学发言	63
		能做出积极的倾听姿态（躯体、眼神等）	65
		能做到长时间倾听	40.2
		必要时能够记录	31.2
	理解	能够复述发言内容	48.5
		能够提取重点信息	35
		能够领会发言意思（表面和隐含意思）	32.2
	回应	能够主动表达自己的看法	51
		能够质疑发言内容	20.5
		能够有关联地回应	28.2

（三）教师倾听意识欠缺

倾听意味着教师对学生提出的异向交往话语做好接纳的准备，这就要求教师具备一定的倾听素养，如耐心、细心和专注地倾听。教师专业实践能力欠缺也是导致教师倾听意识欠缺的重要因素之一。

在对学校40节不同学科的课进行课堂观察的过程中发现，近70%的教师在教学过程中，仍存在以"教师为中心"的思想，尤其是语文、数学、英语学科较为明显。在教育过程中，部分教师秉持错误的效益观，认为教育的有效性仅仅是指教师在单位时间内向学生传达的知识总量，向学生传达的知识越多，教育就越成功。有些教师没有认识到当下教学中存在的问题及教师倾听的缺乏与异化存在密切关联，仍然以"讲"的方式将学生强行纳入自认为合理的框架中，这就导致教师在教育过程中更多的是将目光停留在自己的言说，而忽视了倾听学生是否获取了知识以及学生在学习过程中是否生成了精彩的观点、是否得到了美好的学习体验。

（四）教师存在不良倾听习惯

受传统教育理念的影响和制约，教师在教育场域中长期掌握着主动权，习惯占据了强势话语地位，即使让他们把部分话语权还给学生，在遇到偏离自己想法的异向学生话语时，一般还是会采取沉默或置之不理的方式冷处理。长期处于这种倾听状态下的教师不能敏感地觉察到学生神情、动作的微妙变化，使得学生欲言又止，最终与教师疏远，心灵上出现难以逾越的鸿沟。研究者从"接受与注意力""意义重组与理解""评价与反馈"三个角度来观察教师的倾听力，发现在倾听过程中漏听、误听、偏听的情况也时常发生，为了提问而提问，忽略了有意倾听学生言语中的重要信息，这就导致教师在课堂上无法把握随机生成点，还是一味地走教案，课堂教学无法体现以生为本的理念，如表5-2所示。

表5-2　教师课堂倾听力观察量表

观察视角	观察维度	观察点	占比（%）
教师对学生的倾听	接受与注意力	能接受学生的言语信息（群体学生话语）	63.2
		能接受学生的言语信息（个体学生话语）	69.1
		倾听能面对全体学生	62
		能注意非言语信息	45
		会打断学生的发言	42
	意义重组与理解	能够简单重复学生的语言	78
		能够理解学生的说话角度	67.5
		能够理解学生的言外之意	65%
	评价与反馈	能倾听全部的内容	75
		能简单的评价	62.1
		能简单、阐述性解释	45.5

二、影响师生倾听力的原因分析

（一）教师和学生倾听的内驱力不够

教师倾听的内驱力是教师进行倾听的潜在力量，在倾听过程中发挥着激发、引导和促进教师进行有效倾听的作用。许多教师对教育的新理念、新方法不够敏感，对倾听理念与方法的兴趣不高。倾听教学的价值未深入多数教师的内心并化为教育信念，教育实践问题未引发教师以倾听解决问题、优化教学的意愿与行动，许多教师并未认识到倾听可以成为获得职业成就感的手段。因此，需要从"帮助学生"和"发展教师"的角度去思考教师倾听的问题，引导教师将较低层次的需求提升到更高层次，增强教师倾听的内驱力，使教师的倾听在高层次需求的引导下发挥应有的价值。

（二）教师的倾听技能水平欠佳

倾听技能是教师开展倾听活动的基本操作能力，主要包括专注力、理解力、判断力和回应力。教师倾听技能的强弱甚至直接决定倾听实践的有效与否。有些教师在倾听时缺乏足够的耐心，当学生发言冗长且难以理解时，能耐心听完学生的发言的教师比例不高。首先，许多教师不能迅速理解学生的思路及观点，常常曲解学生发言的真正指向与意涵。其次，许多教师不善于捕捉学生发言背后的思想和观念的萌芽，并判断它们的价值和意义。再次，许多教师并没有积极主动地评估学生发言的价值，只是将学生的发言与教学参考资料或自己的想法进行简单对比。最后，许多教师在倾听过程中，较少对学生的言语信息及非言语信息进行理性判断，并以此为基础做出适切的评价。在倾听过程中，多数教师都会对学生做出回应。不过，回应的质量并不尽如人意。具体表现如下：首先，许多教师没有意识到教学中适切的肢体行为亦是一种很好的回应方式，诸如身体前倾、点头示意、目光交流等身体行为，能让学生感受到教师对自己的尊重和理解，从而使学生更容易投入学习中。其次，当学生的回应与标准答案或自己的预设不一致时，许多教师常会迅速纠正或让其他学生发言。再次，许多教师将学生的沉默或支支吾吾视为延缓教学进度的消极因素，往往选择不再继续倾听。最后，许多教师对学生的发言只进行简单的回应，甚至是礼貌性回应，没有对学生的回答进一步解释、拓展和引导，因此，学生的异向话语常会受到教师的批评。从一定意义上讲，这会影响学生自信心的形成，学生的精彩观点也难以出现。

教师只有不断增强伦理关怀意识，提升对学生的关切力，教师倾听才能充分发挥其应有的价值，并真正成为关心、帮助和促进学生的智慧工具。

第二节　有效倾听对于"学本课堂"建设的意义与价值

《现代汉语词典》对"听"的解释是"用耳朵接受声音"，而对"倾"的解释则为"斜"和"用尽（力量）"，意指十分投入和高度专注。显然，"倾听"超越了"听"的基本含义。听只是听觉器官对声波的单纯感受，是一种被动的、无意识的行为，它主要取决于客观；倾听则是主动获取信息的一种积极的有意识的行为，它主要取决于主观意识。因此，我们可以从三个方面理解倾听的含义：第一，人们倾听过程中接收到的信息既包含语言信息，也包含非语言信息，如眼神、表情、姿态等。第二，人们倾听时大脑要对接收到的信息进行思考、分析、加工等活动。第三，在倾听时要对接受和理解的信息进行回应，或在内心接受、拒绝，或在言语上进行评价等。

在发展学生核心素养的背景下，课堂学习急需从浅层学习走向深度学习。深度学习的"学本课堂"，首先营造的是一种"安静的课堂样态"，这种课堂样态的营造是以学生的倾听为原动力的。深度学习视角下的"学本课堂"建设中，课堂倾听是深度学习发生的前提与基础，学会倾听是学会学习的重要体现，借助课堂倾听助推深度学习发生具有重要的理论与实践意义。何谓学生具有较好的倾听能力？我们认为倾听力包括静听与深思两个层面。

（一）倾听的相关研究及分析

国内外学者对教师倾听进行了大量的研究。杜威研究协会前主席瓦克斯（Leonard J. Waks）教授曾在《倾听教育》（*Listening to Teach*）的序言中感叹道："当老师滔滔不绝、学生被动静听时，老师和学生们都在忍受无聊、精疲力竭以及疏离感……这种填鸭式教育在过去的 150 多年里一直大受批判，却依旧在今日的学校中大行其道。"

学会思考是我们这个时代学生最需要的技能之一。这并不是说学生在"静听"的教育中不再思考，而是说在以教师为强势主导的教育氛围中，思考是一件不受欢迎的事情。海德格尔曾这样描绘"倾听"的基础性地位："'能听'不光是彼此谈论的一个结果，相反地倒是彼此谈论的前提。"致力于研究教育中创造性对话研究的罗伯特·费舍尔（Robert Fisher）同样认为，"倾听是展开有效有对话的前提条件，是学生参与对话的起点。"学者周杰指出，当前课堂教学的困境即是教师倾听意识的缺失，呼唤教师倾听意识的回归，构建倾听的课堂文化，让教师真正成为倾听的主体。同时他还强调，教师成为倾听者是基于教育本身需求的教师角色定位，与我国基础教育课程改革的理念相吻合。教师课堂倾听对实现师生间的有效沟通、促进师生的共同发展具有重要的意义。成尚荣认为，倾听是一种教学行为和教学方式，教师的倾听方式体现了教师的教育品质：其一是尊重，其二是信任，其三是虚心；倾听也体现了教师的教育智慧，倾听伴随观察、辨别、判断、选择等思考和回应，这些无不闪现着教师的教育敏感、教育智慧和教育艺术的光彩。

（二）倾听对"学本课堂"建设的意义

"学本课堂"教学是置身于教育教学情境中的教师和学生间的交流活动，教师的倾听对实现教师和学生有效交流、凸显学生的主体地位、促进师生共同发展具有重要的意义。

1. 形成民主的课堂氛围，实现有效的对话建构

教师课堂倾听即意味着教师不再将学生视为自己的附属品，而是把学生视为独立的个体，允许学生从自身的知识经验、情感个性出发，表达自己的思想和见解。教师真诚地倾听，使学生感受到理解和尊重，他们会毫不犹豫地表达真实的思想和观点，或对教师的观点大胆质疑，师生之间产生思维碰撞和情感共鸣，课堂上形成民主、平等的教学气氛。教师真诚的倾听，使学生感受到欣赏和信任，当学生发现自己内心思想被教师倾听并认可时，他们就与会教师建立起更深入的交往关系，思维也会因此活跃起来。教师成为倾听者并以倾听的姿态影响学生，可以唤醒学生的倾听意识，使师生的交流更加顺畅。

2. 实施精准定位，做到有的放矢地帮助学生

课堂教学是以帮助和促进学生的成长和发展为目的，而所有的帮助和促进必须建立在理解学生的基础上，教师课堂倾听的过程就是理解学生的过程。课堂上学生有机会言说和表现，教师就可以了解学生对重点、难点知识的掌握和运用情况，了解学生存在的疑惑点，在此基础上作出相应的启发、点拨、引导，解除学生的疑惑，并将他们的思考引向深入。教师通过倾听实现对学生的理解，不仅包含认知层面，更包含情感方面。教师悉心地倾听，走进学生丰富的内心世界，了解学生的需求，触及学生的心灵深处，表现出对学生的尊重、信任、关心，并及时加以协调和疏导，从而更好地了解学情，给学生提供有针对性的帮助。

3. 真正体现以学为本，促进学生思维发展

"学本课堂"建设，倡导以学生为主体。教学中确认学生为主体并不等于学生事实上取得了主体地位。只有学生具有能动性，才可能体现主体性。教师真诚的倾听，就是把学生作为一个独立的生命体来接纳，赋予学生应有的表达权，使学生以主体的身份参与到学习中。教师通过课堂倾听，调动学生已有的经验，促使学生能够运用已有的知识和经验解决实际问题。教师通过课堂倾听，促成学生精彩观点的产生，该过程伴随着激动人心的体验和日益深入的思考，这就是学生自主建构知识的过程。正如达克沃斯教授所言，"发现有人对他们自己的思想感兴趣，他们便成为如饥似渴的学习者"。

4. 积累和丰富教学经验，促进教师教学智慧的生成

教师通过课堂倾听，准确了解学生对于重点知识的掌握、难点知识的理解、规律和方法的运用等情况，以此为依据及时调整课堂教学进度和改进教学行为。在课堂教学中，学生是重要的、富有生命活力的资源，他们的生活环境、知识经验、兴趣爱好等各不相同。教师应以开放的态度，接纳学生不同的观点和情感体验，捕捉学生精彩的发言和观点，丰富自己的教学内容。同时，在与学生的交流沟通中，教师也会不断反思、修正自己的观点，形成新的见解，即在帮助学生思想发展的过程中，促进自己思想的发展。

第三节 营造"静听深思"的安静课堂样态

"学本课堂"建设以打造"三种课堂样态"为核心。第一种课堂样态为"安静课堂样态"，这是"学本课堂"建构的基础。所谓"安静"，是从学会"静听"与"深思"两点切入，研究教师的肢体语言、教学情境创设、学习方法的建构、评价激励手段的运用对学生提升学生倾听力的影响，提升学生的课堂专注度，打造师生交互式的"安静的课堂"。

一、肢体语言与倾听意识提升

人的肢体语言，心理学家又称"身体语言"，是一种非文字语言的信息传递手段，是人们在交际中重要的表达方式。有这样一组数据：信息传递方式 = 7% 的词语 + 38% 的声音 + 55% 的面部表情和肢体动作。由此可见，教师肢体语言的重要性。在前期的学情调查研究中，我们发现，小学阶段学生年龄较小，课堂上无法长时间集中注意力，这成为影响学生学习能力提升的重要因素。因此，我们把肢体语言建设对提升学生专注学习能力的影响作为切入点，展开深入研究。

多年的实践研究证明，教师的手势示意、身体姿态、目光交流、面部表情等无声肢体语言，作为师生有效沟通的重要方式，有利于创设更好的学习环境、帮助学生理解所学知识，也能帮助教师更好地组织课堂，进而增进课堂教学的影响力和感染力，使课堂教学顺利开展。

（一）巧用表情，触发情感点，提升倾听意识

罗曼·罗兰曾说："面部表情是多少个世纪培养成功的语言，是比嘴里讲得更复杂千百倍的语言。"身势学的创始人、人类学家雷·勒·伯德惠斯特尔则通过研究得出结论说："人的脸就能做出大约25万种不同的表情。"

由此可见，人的面部表情是极为丰富的。课堂教学中，教师的面部表情是学生接收到的最直接的肢体语言，每一个细微变化都能被学生捕捉到，表情传递的复杂信息对学生的心理和行为都会产生重要的影响，因此，教师必

须学会正确运用表情。

1. 巧用表情，启发思维

面部表情是五官组合的效应，它可以向学生传递多种情感和信息。教师恰当使用表情，可以激发学生学习兴趣，启发引导学生深入思考，有效理解所学知识，达到事半功倍的效果。

例如，教师在教授英语六年级上册的某一课时，讲到与长城有关的内容，询问 How long is the Great Wall？（长城有多长？）这个问题非常适合用夸张、惊讶的表情来引导学生回答。而在文章中段，文中人物询问是否能够走完长城，这时教师就不适合用微笑的表情，而是要用惊讶的面部表情来告诉学生这件事十分困难。在文章最后一幅图中，询问能否讲述更多跟长城有关的事时，教师要迅速调整自己的表情，及时引入与长城有关的视频，给学生以沉稳应对的感觉。

整堂课下来，教师、学生仿佛跟文中人物一起沉浸在长城之旅中，到最后意犹未尽。本节课就不适合使用胸有成竹的表情，这会从心理上拉开教师与学生的距离。部分教师甚至会出现横眉冷对的负面情绪，这会更让学生感到排斥与恐惧，无所适从。

2. 巧用表情，激发兴趣

上课时，教师可以面带微笑走进教室，挥手与学生亲切地打招呼，走到学生中间，进行课前的问答复习以及热身，创设一种活泼、轻松的学习氛围，让学生自在、快乐地快速进入学习状态。

在课堂教学中，教师要有意识地运用表情这个信息工具，与学生一同沉浸在知识中，并给学生以信任、鼓励、期待的表情，增进师生间的感情，使学生获得自信心与成就感，从而激发学生的学习兴趣和倾听意识，取得良好的教学效果。

（二）活用眼神，凸显关注点，提升倾听意识

眼睛是心灵的窗户，也是课堂教学中师生交流和互动的"窗口"。眼神是教学肢体语言中最生动的部分，在课堂教学中，教师的眼神直接引导和牵动着学生的兴趣、注意力和思维。教师不仅可通过眼神向学生传递自己的真实意愿,还可以通过捕捉学生的眼神,了解学生当前接受知识和信息的情况,分析他们真实的心理状态,以便有针对性地调整教学方法和教学进度。因此,教师在教学中要注意眼神的特殊作用,善于调控,适时设置兴奋点,掌握教学的主动权。

1. 活用眼神,启发鼓励

当教师踏进教室、还未开口说话时,眼神已经与学生进行了交流。充满微笑的眼神,会让学生倍增亲切感,带着愉悦的心情开始上课。在提问环节,教师可以环顾四周,用眼神启发和鼓励学生大胆发言。尤其是面对比较内向、不敢表达的学生,教师更要用鼓励的眼神看向他,增强他的自信心。学生在觉察到教师的正向期待后,也会慢慢地开始自信和勇敢起来。学生发言时,教师可以用眼睛直视学生,表示自己在专注倾听,让学生体会到尊重。学生回答问题后,教师先不说学生的回答正确与否,而是再度环顾四周,确认学生注意力是否集中以及是否有不同意见却不敢说的情况。

2. 活用眼神,提醒制止

课堂教学中,我们经常会发现有部分学生开小差,或做小动作,或与其他学生交头接耳,或出神。这时候,教师可以走到他面前用目光扫视一下,表示提醒、制止和督促,让他把注意力重新转移到课堂中来,这样既避免了学生在全班同学面前受到批评而丢面子,又达到了让学生意识到自己的错误并立刻改正的目的。教师在讲课时,需要不时地用目光环视整个课堂,使学生感受到自己一直被教师的目光所关注着、鼓励着,从而提高学生的课堂参与度,改变课堂提问环节的冷场现象,能在很大程度上改变某些学生跑神和浮躁的习惯,有效提升学生的倾听意识。

在课堂教学中,老师的眼神总是无声地驾驭着整个课堂,或发出指令,或暗示提醒;同时,把自己的情感、意志、学识、智慧毫无保留地展示给学生,实现有效的师生沟通,活跃课堂气氛。

(三)善用身姿,调节气氛点,提升倾听意识

在教学过程中,身姿的作用也不容忽视,它有时比语言表达更加直接恰当,能避免语言表达的单一性,使课堂交流方式多样化。

身姿包括手势、点头、摇头、课堂走动等非语言的体态动作。其中，手势是教学中最常用且最常见的身姿。手势语就是指用手、腕和臂等部位的活动来传达信息。手势语是课堂上的"第二语言"，它所表达的内容是丰富多样的。准确地运用手势语，既可表情达意、辅助完成教学任务，又可增加有声语言的表现力、说服力和感染力。

1. 善用身姿，组织课堂

教学中，指令性手势一般用于调控组织整个课堂教学，目的鲜明的手势能使整节课的内容环环相扣，自然过渡。例如，手心向上或向下示意学生起立或坐下；右手手掌竖起示意学生发言前请举手；双手交叉示意男女生或组之间交换角色等。

上课时，教师为了让学生快速安静下来，可以边有节奏地拍手，边给出指令，学生跟着喊出口令并抱臂坐端正，这种方法比单纯地要求学生安静的效果更好。有的教师采用弯曲食指在黑板上的重点内容轻轻敲击的方式，提醒学生本节课需要重点记忆的部分。当进行小组合作学习时，教师拍手三下引起学生注意，示意小组讨论结束。

在课堂中，还有的教师采用古诗手势操的方式进行课堂调控。教师做手势操，学生朗诵出相应的古诗句，或者教师朗诵古诗句，学生做手势操。古诗手势操不仅有效提升了学生的倾听意识，还锻炼了学生的手、眼、脑三者的协调配合能力，更好地促进了学生身心健康的发展，培养了学生的文学素养。

2. 善用身姿，及时反馈

在课堂上不易明说或不便明说的情况下，恰当运用身姿语言可以达到"此时无声胜有声"的效果。例如，学生在用英语回答问题时往往不自觉地停顿，害怕自己说错。此时，教师轻微幅度地点头既可以给学生打气，又能避免语言提示打断学生思路及让学生养成依赖教师帮助的习惯。当学生回答比较好时，不一定要用"你真棒""好"等话语予以肯定，一个赞许的点头就会使学生备受鼓舞。

教学中，我们经常会遇到学生回答问题声音不够响亮的情况，这时，教师可以侧过头，摆出努力听的姿势，让学生提高声音。当对学生发言的声音感到满意时，可摆正头部，让学生在不知不觉中加大音量。

教师的肢体语言是一种多感官的教学法，非常生动形象。在研究中，我们发现身体姿态语言会给学生带来愉悦的心情，对提升学生的学习兴趣和注意力能够起到有效的促进作用，如表5-3所示。

表5-3 教师身体姿态语言示例

部位动作	动作姿势	传递含义
手和手臂组合动作	抬手	表示友好、满意、同意、赞扬等
	招手	表示惊吓、紧张
	鼓掌	表示欢迎或者表扬
	抚摸	表示传递喜爱
	握手	表示祝贺
手指动作	竖起拇指	表示称赞、夸耀
	伸出食指	表示指明方向
	多指并用	表示说明次序

3. 善用身姿，加深理解

动态手势不仅是帮助学生理解记忆知识点的重要教学手段，也是教师观察学生的反应，进而获得教学反馈的途径。

例如，"看"的近义词是"远眺""近观""仰望""浏览""张望"等，区别这组词对小学生来说比较困难。如果教师仅仅从揭示概念内涵、解释涵义的角度出发，授课就会显得乏味。若采用身体语言来表达，则可刺激学生的视觉系统，引发他们的学习热情，使课堂气氛变得活泼轻松，词语的涵义也会被解释得浅显易懂。

《狐假虎威》这篇课文语言生动形象，特别是对狐狸、老虎的神态、动作、语言的描写十分突出。通过动态表演的方式进行内化，可以生动地表现出老虎和狐狸在不同情景中的不同表现。根据课文的关键词，紧扣动物的心理变化，演变出具体的动作、神态、语言。

　　在教学《锄禾》一诗时，许多学生，特别是生长在大城市的学生，很难理解"锄禾"一词的具体含义。教师不妨放下课文，在课堂上把农夫的动作通过身体语言演示出来：弯腰、锄禾、擦汗、叹息，并辅助一定的语言表达。这样不仅扫清了语言障碍，也加深了学生对课文的理解，从而使学生知道粮食来之不易，尊重劳动人民的感情油然而生，达到了教育的目的。

　　在教学 jump，run，dance，draw，sing 这些动词时，教师利用肢体动作来创设语言情境。学习 jump 时，教师边说单词边跳几下，学生马上就理解了单词的意思，并情不自禁地跟着教师说起单词，做起动作。然后教师又说"jump high"并跳得更高一些，学生很快明白了教师的意思，边说"jump high"边跳得更高一些，再学习句子"I can jump""I can jump high"。这样从单词到词组再到句子的循序渐进的学习过程，学生就不会觉得太难了。

　　在教学"What can you do？"这个句型时，教师扮演成一个机器人的样子，然后让学生一起来询问："What can you do？"教师学着机器人的样子，身体像机器人一样僵硬地摆动着，很笨拙地做出一些动作，让学生看完动作再回答"I can…"如此可激发学生学习的乐趣。

　　这些丰富、得体且有趣的肢体语言，得到了效果良好的双向交流，降低了学生接受知识的难度，让学生在轻松活泼的情境中学习，从而起到活跃课堂气氛、在玩乐中教学的作用。相对于昂贵的教具来说，恰当合理且丰富的身体语言可以起到事半功倍的效果。

　　综上所述，教师作为学生学习的指导者，一个眼神，一个手势，都会引起学生的注意，从而对教学产生一定的影响。教师和学生一起在学中玩、做动作，平时多与学生进行肢体接触，发挥肢体语言的作用也是很有必要的。当学生表现好时抚摩他的头说"你真棒"，他们会受到莫大的鼓舞；当学生回答对他认为较难的问题时说"老师相信你一定行！"和他们一起击掌欢呼。增进了师生之间的感情，学生一旦喜欢老师，就会喜欢他所教的学科。

　　当然，体态语言运用不当，也会削弱或破坏有声语言的表达效果。例如，教学单词 jump 和 hop 时，教师只顾做跳的动作，却没有区分 jump 是双腿跳而 hop 是单腿跳。那么学生会理解为二者同义。因此，教师运用肢体语言应该适度、自然、协调，服从教学内容的需要，并与教学内容融为一体，切忌生搬硬套，矫揉造作。

二、教学情境创设与学习兴趣提升

情境教育是通过对环境进行一定的设置，激发学生的情感和思维，使学生产生如临其境的真实感，以达到一定的教育目的。美国教育家杜威认为，传统教育失败的根本原因在于未能在教学过程中给学生提供引起思维的情境。他主张教学过程的第一个要素就是学生要有一个真实的情境。克伯屈设立的设计教学法模式，第一步也是创造情境。

近年来，我们分析了小学教学情境创设的现状，并提出了更新教育思想、创新教学方法、促进思维能力发展和利用一系列情境拓展实践能力提高学生学习兴趣的具体方法，发现在小学教学中使用情境教学法可以显著提高学生的静听深思能力和教学效果。

（一）创新教学方法，加强小学生学习的情境化

为了实现小学教学情境化的有效实施，教师可以利用不同的教学情境，引入创新的教学方法，提升学生学科素养和实践能力，有效落实情境化与兴趣学习的理念。为此，教师首先要根据科学原理更新教学方法，将原来的"填鸭式"教学方法转变为基于情境的教学方法，从而为科学落实情境教学的任务提供基本保障。其次，教师在课前要认真备课，仔细阅读教材，找出教学重点和教学难点，根据重点和科学原理制订教学任务和课程，为有效实施情境教学打下良好基础。教师应遵循循序渐进的原则，制订不同难度的教学任务，并将这些任务串联成由浅入深的问题情境，引导学生通过层层深入的思考，完成学习任务。再次，要遵循探索性原则，教师要开发具有启发性、引导性的学习问题，使学生对问题情境进行深入研究，为学生的深度能力发展提供基本保障。最后，教师应利用各种情境激发学生的学习兴趣，调动学生的思维，为有效教学打下良好的知识基础和心理基础。

1. 借助游戏活动创设问题情境

在课堂上，教师要当好"导演"和"教练"，诱发学生"入境"，从而

激发学习兴趣，增强学习效果。在课堂教学的过程中，教师若能善于结合教学实际，巧妙地创设问题情境，使学生产生好奇心，吸引学生注意力，激发学生学习兴趣，从而充分地调动学生的"知、情、意、行"，使其积极参与到教师所设定的"问题"解决过程中。在此基础上再引导学生探索知识的发生、发展以及规律的揭示和形成过程，进一步开阔学生的视野，拓展学生的思维空间。

【案例1】

年级：二年级

学科：数学

授课内容：二年级上册 5 的乘法口诀

在巩固记忆 5 的乘法口诀时，可采用对口令游戏的形式，师生共同打手势判断对错。练习时，可以使用不同的组合形式对口令。如师生对口令，先由教师提出问题，全体学生（或部分学生）说得数；然后让全体学生（或部分学生）提出问题，教师说得数。也可采用男女生互对、同桌互对、小组互对等形式。对口令的过程中，师生要评判结果是否正确。这样做使教师与学生的活动融为一体，生生交流、师生交流与学生的全体参与相结合，使学生在多形式的互动中训练了思维能力，培养了学生提出问题且根据所学的知识迅速准确回答问题的能力。

利用游戏创设问题情境，有助于把探求新知和学生在游戏中感觉到的情感结合起来，让学生喜欢学、乐于学。

【案例2】

年级：六年级

学科：英语

授课内容：六年级下册 Module 5 Unit1

在英语课堂上学习"Happy Birthday!"一课时，教师可以在课前播放一首生日歌，让学生一起唱，以达到创设情境的目的。在上课时，教师可以利用游戏和多媒体，持续调动学生的学习兴趣，加深学生对英语的理解，提高他们的英语能力。例如，在学习"What does he do？"一课时，教师可以组织一个名为"他在做什么"的游戏环节，由一个学生用英语描述一个职业，所有学生猜答案并在句子中使用这个词，以提高学生对这个词的含义和使用环境的理解。最后，教师可以使用探索性的情境来加强学生的实践技能。教师还可以采用以项目或主题为导向的方法，在课前将学习任务分为专题模块，如课前导入、词汇、语法和句型，并组织学生合作和独立完成任务。

【案例3】

年级：四年级

学科：英语

授课内容：四年级上册 Module 3 Unit1

在教授频率副词时，教师可以播放猫的叫声并立即说："The cat will call once more!(它会又叫一次!)"猫果然又叫起来，学生大笑。猫第二次叫声停下后教师说："It may call for a third time!（它还会叫第三次!）"话音刚落，猫又叫了。最后教师指出，"again""once more"都是副词或副词短语，并列出与 for a third time 类似的用法。经过这种情境学习，学生对所学知识的印象一定很深。

2. 用猜想和验证来创设问题情境

学生的思维活动总是由问题开始的，在解决问题中得到发展。学生学习的过程本身就是一个不断提出问题又不断解决问题的过程，因此在教学过程中不断创设问题情境，引起学生的认知冲突，使学生处于一种"心求通而未得，口欲言而弗能"的状态，激发学生的求知欲。教师提供主动探索和发现问题的条件，使学生的思维在问题的猜想与验证中得到促进和发展。

【案例4】

年级：三年级

学科：数学

授课内容：三年级下册年、月、日

在教学"年、月、日"时可以这样导课的："同学们喜欢过生日吗？"学生都高兴地回答"喜欢！"接着提问几个学生："你几岁了？过了几个生日？""同学们，一般一个人有几岁，就会过几个生日，可是小强满12岁的时候，只过了 3 个生日。这是为什么呢？你们想不想知道其中的秘密？"学生听了个个情绪高涨，强烈的求知欲油然而生。这时教师要抓住学生迫切求知的心情，及时引导他们进入新课。

同时，教师也要放权给学生，给他们想、做、说的机会，让他们讨论、质疑、交流，围绕某一个问题展开辩论。教师给学生时间和权利，让学生充分进行思考，给学生充分表达自己观点的机会。只有积极主动参与学习的过程，个体才能得到发展。

3. 利用新旧知识连接点创设问题情境

温故而知新。我们在新旧知识密切联系的关键处创设情境，制造冲突，学生自然会利用已有的知识经验和方法来联想和探索新知。

【案例 5】

年级：五年级

学科：数学

授课内容：五年级上册三角形面积计算

教学"三角形面积计算"时，教师可创设这样的情境："过去我们运用转化的方法把平行四边形转化成长方形来推导出求平行四边形的面积计算方法。今天，大家能否推导出三角形的面积计算方法？请同学们试试。"再如，学习笔算两位数减两位数的减法时（退位），教师可以启发学生从笔算两位数加两位数的加法这一内容（进位）进行思考。通过这样的情境，不仅能给学生指明思考的方向，也能激发学生探求新知的欲望。

4. 通过设立疑点创设问题情境

激疑是教学的重要策略。教师要善于激疑才发引起学生积极思考，引发学生的好奇心，而好奇心常常会使创造意识萌发。因此，教师要依据教学内容，适当设置疑点，创设教学情境，引发学生的好奇心。

【案例 6】

年级：四年级

学科：数学

授课内容：四年级下册 乘法分配律

课程开始可以设置这样的悬念：列出如下一组算式后，教师很快地说出了它们的得数：① 9999×9＋9999=？② 127×36＋127＋63×127=？③（100＋8）×125=？④ 98×35=？当学生听教师说出得数后，感到惊奇不已，这时导入新课：学习了这节课之后你们就会知道老师是怎样很快算出得数的。学生带着疑问去学习，学习兴趣特别浓厚，急于找到方法的心情也特别迫切。让每个学生都处于惊奇、探索和发现的学习过程中，既激活了学生的思维，又培养了学生的创造意识。

（二）完善教学思维，整合情境教学法和体验式教学法

为了在小学阶段实施有效的情境体验式教学，教师需要更新自己的教学思想，在实践中遵循科学的教学理念。为此，第一，教师要完善自己的教学思想，明确情境体验式教学的思想原则和内涵，深入解读新课程的要求，以情境体验式教学法为主要教学手段。第二，要坚持以教材为基础的原则，严格按照新课程规定的教学主题和提高能力的指导思想，为提高情境教学的质量和效果提供基本保证。第三，要坚持多样性原则，结合游戏、师生互动、动画播放、实践等多种教具，从不同角度激发学生的学习兴趣，为情境教学的不断完善提供基本保障。

1. 联系学生的生活实际创设问题情境

教学源于生活，又高于生活。因此，应从生活实际出发创设问题情境，这样才符合学生的心理特征，才能激发学生学习的欲望，这就要求教师要结合学生的生活经验和已有的知识来设计富有情趣和意义的活动，创设良好的教学情境。

【案例7】

年级：一年级

学科：英语

授课内容：一年级下册 Module 7 Unit2

在教授 ship 和 sheep 这两个单词时，虽然反复强调，还是有在学习词组时用错，并且浑然不知。面对这种情况，教师可以利用情境教学法，告知学生"如果谁能够骑着绵羊周游世界那可真正是节能环保了"。学生听完哈哈大笑，立即认识到不应该再闹出这种笑话了，从那以后再也没有"骑着绵羊周游世界"的情况了。因此，教师应以人文教育思想为指导，根据学生的个性特点、认知能力、兴趣爱好等学习因素，科学地选择和设计学习情境，增强情境教学的针对性和有效性，为提高教学效果提供良好的基础。

2. 利用问题创设问题情境

自我表现欲是学习的内部动机，小学生的好奇心和自我表现欲特别强烈。因此，有意识创设情境、让学生主动提出问题，能激发和迎合他们的好奇心理和表现欲，为课堂教学创设良好的氛围。

【案例8】

年级：六年级

学科：数学

授课内容：六年级上册 圆的面积

在教学时，教师首先让学生计算下面四个图形的面积：①长5厘米，宽4厘米的长方形；②底是5厘米，高是4厘米的平行四边形；③半径是2厘米的圆；④半径是3厘米的圆。在计算出了长方形和平行四边形的面积后，学生提出了下面的问题：圆的面积计算还没有学过，该怎么办呢？圆的面积大小到底与什么有关？有什么关系？我们能否像推导平行四边形面积那样，用割补法来推导圆的面积计算公式？如此，情境由教师创设，问题由学生提出，方法由学生去研究，课堂呈现出浓厚的探究氛围。

3. 通过动手实验操作创设问题情境

在课堂教学中，动手操作会使学生的手脑达到有机结合，学生的思维将会更加活跃，学生在操作的过程中会不断发现问题、解决问题。

【案例9】

年级：六年级

学科：数学

授课内容：六年级下册 长方体和正方体的表面积

在教学六年级下册长方体和正方体的表面积一课时，教师让学生拿出课前准备好的一个长方体和一个正方体纸盒，沿棱剪开再展开，让学生数一数各有几个面？量一量每个面的大小有什么关系？每个面的长和宽与原来的长、宽、高有什么关系？想一想表面积如何算？这一系列问题都可以在操作活动中得到解决。

4. 设置悬念创设问题情境

"悬念"是指课堂教学中，教师针对学生求知欲强、好奇心强等特点，创设具有科学性、新颖性，足以引起学生探索欲望的各种疑问，激发学生的学习兴趣。"悬念"在这里就成为最直接、最有效的诱因。在课堂中故设悬念，会把学生引入一种新的情境之中，利于引发每个学生对这一问题的深层次思考和研究。

【案例 10】

年级：五年级

学科：数学

授课内容：五年级下册　分数化成小数

在教学分数化成小数，即能化成有限小数的分数特征这一内容时，教师首先应直接告诉学生分数能否化成有限小数，"这里面是有秘密的，老师已掌握这个秘密，不信你们可以出一些分数来考考老师，老师能很快地判断出每个分数是否能化成有限小数"。并请学生用计算器进行验证，使学生明白分数能否化成有限小数的确是有秘密的，从而产生"悬念"。

5. 巧设室外活动创设问题情境

巧设的室外活动情境，让学生体会"知识生活化"的本质，利于学生增强解决实际问题的能力。

【案例 11】

年级：六年级

学科：数学

授课内容：六年级下册　正反比应用

在教学"正反比例应用"一课时，教师把学生带到操场上，请 3 名同学组织其余 24 名同学进行队列训练（每组不能重复）。在这种活动中，学生发现，每行站的人数和行数成反比例关系，并利用这一关系快速完成教师下达的指令。

总之，在情境教学中培养学生静听深思的能力是至关重要的。要实现这一点，教师应创造一个支持静听深思学习的环境，包括课堂设计和对学习策略的利用。此外，还应关注不同学习方法的纳入，提高学生的学习动机，促进批判性思维的发展，激发学生的学习兴趣，发展他们深度学习的能力。

三、学习方法与深思能力提升

美国学者、著名学习专家爱德加·戴尔于1946年首先发现并提出学习金字塔，在金字塔基座位置的学习方式是"教别人"或者"马上应用"，这样可以记住90%的学习内容，也可以更好地理解学习内容。戴尔提出，学习效率在50%以上的人，都是利用团队学习、主动学习和参与式学习。

由以上研究结果可知，学习方式的对于学生深思能力、学习效果起着至关重要的作用。在前期对比研究中不难发现，对于小学生来说，单一传统的学习方式往往使学生形成厌学、被动的情绪。因此，我们把改变学习方式作为提升深思能力的途径，并以此提高学生的学习效率。

多年的实践研究证明，改变一味地"教"和被动地"接受"学习模式，让教室里每个参与者都动起来，课堂气氛就会变得活跃，语言之间、眼神之间、思维之间就会有灵动的交流，进而迸发出灵感的火花。此时，学生深入思考的能力、辨析对错的能力、实践应用的能力都得到提升。

（一）小组合作，参与变主动

小组合作学习改变了单一的学习方式，提高了学生学习的积极性，能够很好地落实学生课堂主体的地位，有效的动静转换提升了学生的课堂参与度与课堂教学质量，促进了学生表达、组织、思维等核心素养的发展。特别是在立德树人要求下，小组合作学习促进了学生深度学习，是落实学生核心素养发展的重要手段。

【案例1】

语文课程标准指出，阅读教学应在理解课文的基础上，提倡多角度、有创意地阅读，利用阅读期待、阅读反思和批判环节，拓展思维空间，提高阅读质量。尤其是在学习答案偏向发散式的、思辨式的内容时，合作学习的有效性便发挥出来了。

《昆虫备忘录》一课是非常适合小组合作学习的内容。从课前搜集资料到课堂展示和课后讨论，教师应充分调动学生合作学习的热情，让学生通过合作学习加强深度思考，并由此激发他们学习语文的热情。

学生在组长的带领下完成学习任务单，如表 5-4 所示，并分享自己的阅读收获。

表 5-4 《昆虫备忘录》学习任务单

昆虫	特点	摘录我喜欢的词语	我的阅读收获
蜻蜓			
瓢虫			
独角仙			
蚂蚱			

大自然神奇的物种在美妙文字的描述下，将学生带到了一个多彩的世界，因为感受到了魅力，学生就有话想讲，于是小组合作给了他们充分表达的机会。在组长的带领下，学生能够把读书带给他们的快乐相互分享，每个人的发言又能够带给其他人更多的思考。学生不再是被动接受知识的聆听者，而是主动获取与交流的学习者。

【案例 2】

2022 版数学新课标指出，教学中要改变过于注重以课时为单位的教学设计，推进单元整体教学设计，体现数学知识之间的内在逻辑联系以及学习内容与核心素养表现的关联。由此而知，核心素养的落实必须以系统化、整体化的理解体系为基础。

教师将题目放在"导学任务单"上：2 个箱子能装 24 瓶啤酒，现在有480 瓶啤酒，需要几个箱子？课堂上，教师采用小组合作的方式让学生们讨论自己解题的方法，学生可以用已有的旧知轻松解决这个问题。有的小组用表格的形式整理信息，如表 5-5 所示。

表 5-5　信息整理单

2 箱	24 瓶
1 箱	？瓶
？箱	480 瓶

有的小组采用包含除的思想考虑：480 瓶是 24 瓶的几倍，所需的箱子就是 2 箱的几倍。

多种解答结果是一致的，在这个过程中，每个学生都参与了思考与学习，但是每个学生的思考层面又大不相同，于是教师提出要求：用比例的思想解决这道题。于是小组再次进行讨论，讨论中，不同认知层面的学生在相互交流的过程中碰撞思维，在新知和旧知之间找到答案，并且建立起除法和比例的联系，进而达成了将知识连成串的教学目标。在小组合作中，学习不再是知识的传授，而是深度思后的主动获取。

（二）思维导图，零散变体系

美国心理学家布卢姆提出，教学内容是由许多知识点构成，由点成线，由线组成相对独立的知识体系，构成彼此联系的知识网。因此，在学习知识的过程中，学生要站在系统的高度把握知识，如果不了解章节与学科整体系统之间的关系，就只能是"只见树木不见森林"。随着时间的推移，所学知识越来越多，学生就会感到内容庞杂、头绪过多，系统学习变成了知识点的堆砌，达不到学习的效果。

由此可见，掌握一定的方法，将零散的知识点进行联系，形成系统的、具备一定推理意义的知识框架对学生的学习来说极其重要。我校使用思维导图的方式帮助学生实现知识的自我梳理、自我提炼、自我提升，达到了良好的效果。

【案例 3】

小学六年级将学习比例的知识，但是比例并不是独立存在的，它和除法、分数之间有着密不可分的联系。于是在学习完比例的知识之后，教师师给学生布置了一个特殊的作业——用一张思维导图画出三者的关系。这样的作业串联起学生二年级学过的除法的意义、四年级学过的分数的意义等知识，在梳理的过程中学生不难发现，三者之间具有"亲戚"关系，除号、分数线、比号的作用是一样的。通过这种思维导图，学生将几年前学到的知识关联到一起，自然也就不难理解"比"的知识了。学生恍然大悟，原来看似陌生的"比"其实是"老朋友"了。不难看出，教师借助思维导图帮助学生深度思考，主动去了解知识之间的联系，并且形成了良好的学习习惯，对今后的学习都有帮助。

数学当中的正方形面积、长方形面积、三角形面积、平行四边形面积、梯形面积等，学生用一张思维导图就可以看出它们之间的联系。思维导图犹如一条神秘的线，编织起一张知识的大网，各种知识有序地被安排于其中，牵一发动全身，知识之间的逻辑关系也就一目了然了。学校经常开展数学学科思维导图展评，学生踊跃参与，不少学生由此喜欢上了数学。

【案例4】

为了建立学生良好的语言学习核心素养，学校在语文和英语学科的教学中大力推广阅读活动。但是往往有的学生读完一本书，记不清楚书中的故事情节、人物关系、来龙去脉，于是学校在阅读中推广思维导图，思促使学生在阅读的过程中借助导图来理清文脉，实现深度阅读。

例如，高年级语文课文篇幅比较长，为了提高学生对课文的认识，教师采用思维导图的形式，将文章框架交给学生，学生在阅读之后提取重要信息进行梳理，梳理的过程就是深思的过程，思维导图成为学生深思的工具，帮助学生非常清晰地梳理文章的脉络。

学校在英语教学中提倡"图'话'绘本"，就是用思维导图的方式梳理绘本的主要内容，进而提升思维的品质。长此以往，学生可以借助思维导图高效地完成阅读任务，提高学科核心素养。

此外，英语学习往往需要学生在学习完课文之后能够仿照课文进行写作，此时思维导图能帮助学生进行深度思考，在理解每句话的基础上概括出每个层面的主要内容，然后依据这个框架构思自己的文章，英文写作也就不再是困难的事情了。

（三）数形结合，思维变可视

华罗庚先生指出，数缺形时少直观，形少数时难入微。这种"数"与"形"的信息转换与相互渗透，说明数量问题和图像性质是可以相互转化的，这不仅可以使一些题目的解决更加简便快速，同时还可以拓展学生的解题思路。在教学中，数学知识是一条明线，得到教师的重视；数学思想和方法是一条暗线，容易被教师忽略。所以，我校在数学教学中提倡教师有意识地运用数形结合思想来设计教学环节，有利于学生从不同侧面加深对问题的认识和理解，培养学生将实际问题转化成数学问题的能力。

【案例5】

数学二年级下册第一单元《有余数的除法》中有这样一道题目：每顶帐篷住3人，住17人需要搭多少顶帐篷？"这需要学生用除法来解决，关键在于最后的答案——需要搭多少顶帐篷。很多学生初次接触这种题型，直接把商作为答案。这就需要教师引导学生联系生活实际，利用画图来确定答案。一个圆圈代表一顶帐篷，里面住3人，总共需要5顶，还余下2人。这时学生一边画图一边根据自己的经验得出，要给多余的2人再搭一顶帐篷，实际共需要5 + 1=6顶帐篷。这样一道对二年级学生而言比较复杂的数学题，通过数形结合的思想，变成了显而易见的图形，一旦建立起数与形之间的联系，学生深度思考的能力也就相应得到了提升。

【案例6】

数形结合思想就是根据数学问题的条件和结论之间的内在联系，既分析其代数含义又揭示其几何意义，使问题的数量关系和空间形式巧妙、和谐地结合在一起，通过数与形的相互转化来解决数学问题。

二年级下册第五单元中"求比一个数多几、求比一个数少几"的内容，教材采用了用纸条摆一摆的方法，这种数形结合的方法帮助学生在操作中理解数量之间的关系，为后面学习用线段图理解数量关系奠定基础。讲解例题"黄鹂捉了146只虫子，喜鹊比黄鹂多捉38只，喜鹊捉了多少只虫子？"时，可以让学生第一行摆黄鹂捉的只数，第二行摆喜鹊捉的只数，因为喜鹊比黄鹂多捉 38 只，所以摆的纸条要比第一行长一些。学生观察摆好的纸条，尝试独立解决问题。有了数形结合的思想，学生就可以在正确的学习方式的引导下自己解决问题，形成独立思考、深度思考的良好品质。

【案例 7】

有一些计算的问题也可以通过数形结合的方式引导学生深度思考，扩展思路，寻求更为简便的解决方法。在学校的数学思维训练社团的一堂课上，教师在黑板上出了一道计算题：1/2 + 1/4 + 1/8 + 1/16= ？面对这样一道计算题，有的学生拿出演算纸就开始通分计算，这时教师提示大家可以用数形结合的思想进行思考，于是教室里鸦雀无声，学生陷入深深的思考。有的学生开始使用线段图，随之又紧锁眉头，片刻过去，教师在黑板上画一个正方形并提示学生这个正方形表示"1"，学生在教师的点拨下茅塞顿开。数与形的结合将这道题的答案巧妙地展示出来，学生的深度思考能力得到了进一步的提升。

（四）走上讲台，学习变讲述

在记忆金字塔理论中，在金字塔基座位置的学习方式是"教别人"或"马上应用"，这样可以记住 90% 的学习内容。由此可知，当学生将所学通过深度思考内化成自己的理解并且讲述给别人时，他对知识的认知是牢固的、不易遗忘的。于是学校开展"走上讲台当主讲"的活动，课堂上，学生变成了小老师，讲台也变得熠熠生辉，充满了思想的智慧。

在讲述表达的过程中，学生内化知识的能力得到了提升，当小老师的荣誉感让他们不得不深度思考学过的知识，并练习运用流利的语言和清晰的思路表达出来，这对学生而言是不小的锻炼。但也正是因为有这样的锻炼，学生对知识的理解更深入了，对学科体系的掌握也更清晰了。

【案例 8】

我校数学学科的"走上讲台当主讲"活动，每天都会轮流安排一个学生为同学出一道稍微有难度的题目，次日由出题学生当小老师为同学讲解。这个过程中，出题学生本身就要提前对题目进行深度思考，并且要能够清晰地讲出来。一个学期下来，学生对数学学科的兴趣提升了，数学成绩也提高了不少。

【案例9】

学校还将"走上讲台当主讲"活动放到了"云端",利用学校公众号,将学生讲解的内容录制成小视频进行宣传,录制的过程就是学生一遍遍对内容进行深度思考和语言重组的过程。这项活动受到了学生和家长的一致好评,极大促进了学生学习的主动性和积极性。

没有深思的学习是短暂的,没有方法的学习是无效的,学校在探索建设静听深思的安静课堂的过程中发现,学习方法对深思的影响、对学习效果的影响都是巨大的。通过对学习方法的研究,我们发现学生改变的不仅是学习方法,还有深度思考的能力和对知识追根溯源的求知欲。

四、评价激励手段与专注力的提升

我们在静听深思的安静课堂样态的研究过程中,发现课堂专注力对学生的学习、成就和认知具有重要的影响。教师和学校应该提供相应的支持,以帮助学生养成良好的课堂专注力。在新课程理念中,激励是课程教学的一个有机构成环节,是促进学生发展的有效教育手段。托尔斯泰说过:"成功的教学需要的不是强制,而是激发学生的学习兴趣。"因而静听深思的课堂教学主要任务之一就是运用评价激励手段提升学生思维深度和灵活性,促进思维的发展和优化。

(一)激励性的课堂评价,有效提升学生的专注力

在"学本课堂"中,教师要把握激励的时机,及时恰当地表扬学生。与他们通过自身的情感体验,树立自信心,从而在学习中体验、享受成功的喜悦,有效提升学生的专注力。

【案例1】

年级:六年级

学科:数学

授课内容:六年级上册 圆的周长

教师在执教圆的周长一课时,先组织学生分组研究求圆的周长的方法,每个小组的发言都按照教师预想的方向进行回答。但 d 组同学的发言打破了暂时的平静。

"我们又发现了一种求圆周长的方法。"d 组学生代表边说边操作。"老师，你看，将这张圆形的纸对折三次，这样圆的周长就被平均分成了 8 段，我们测量了每条线段的长度是 2 厘米，8 段就是 16 厘米，也就是圆的周长。"

"很有创意！"教师竖起大拇指脱口而出，"你们用折纸的方法求出了这个圆的周长，真了不起。"

学生的思维极为活跃，学习中闪烁着创造的火花。

这时教师把话题一转："用滚动的方法、绳绕的方法以及折纸的方法都可以求出某些圆的周长，但是都有局限性的。当圆比较大的时候，我们无法用这些方法了。那我们能不能探索一条求圆周长的普遍方法呢？"

教师将两条长短不等的绳子的两端分别系上两个小球旋转，小球滑过的轨迹形成了大小不同的两个圆。疑问又一次引起了学生的思考。

教师随机提问："是谁决定了圆周长的长短？圆的周长到底与什么有关系呢？"多次的观察、操作、实验，学生终于发现了"圆的周长是它的直径的 3 倍多一些"。

【案例 2】

年级：三年级

学科：语文

授课内容：学写排比句

师：仿照下面这个句子，你们还能造出更多的句子吗？希望是春天刚探出头的小草；希望是春天归来的燕子；希望是……

生 1：希望是春天刚探出头来的小草。

生 2：希望是放飞蓝天的风筝。

生 3：希望是破茧而出的蝴蝶。

生 4：希望是唱着歌儿奔向远方的小溪。

师：同学们说得真好，那赶快把这个排比句工工整整地写在你们的作文本上，并和你们的同桌读一读吧！

（学生朗读句子）

教师出示多个课文中的排比句，让学生找出排比句的普遍特点。学生归纳出以下几个方面。

（1）几个句子句式相同。

（2）必须由三个或三个以上相同句式的句子构成。

师：请补充下列句子，并说说这个排比句还有什么独特之处。

难道友谊不是你哭泣时一句轻声的安慰吗？难道友谊 _____ 。

生1：难道友谊不是你心灵的一张创可贴吗？

生2：难道友谊不是你劳累时的一杯清茶吗？

生3：难道友谊不是你摔倒时伸出的一只温暖的手吗？

生4：难道友谊不是冬日里为你送来温暖的一缕阳光么？

师：你们的说法真不错！能把精彩的地方再说一遍吗？

学生得到教师的肯定和鼓励，充分发挥了自己的想象，结合日常的阅读积累，进行有创意的表达。

【案例3】

年级：二年级

学科：语文

授课内容：学会有序表达

教师：提出说话要求，大声、有序地说出画面内容和自己的感受。学生拿出自己准备的图画在四人小组内交流，教师逐组聆听。

教师让学生从四人小组中选一个说得最好的学生在全班交流。

学生个别介绍，生生评议。教师肯定说话评议有条理、详细的学生，特别表扬说出对春天有独特感受的学生，同时指出不足。

师：同学们说话时很活跃，老师都听得入迷了。现在老师再出道题，看看同学们表现怎样？根据你们选的图和准备写的内容给习作加一个合适的题目。可以用"××的春天"，也可以用"春天的××"，还可以用其他与春天有关的题目。

学生自由发言。

让学生直接说出图画内容并自己给习作加题目，给学生营造了一个自主说话的空间，提高了学生思维的深度和灵活性。

（二）激励性的引导评价，有效发展学生的思维力

指向深度学习的"学本课堂"十分重视对学生思维多样性的培养。当学生说出解决问题的多种方法时，教师要及时激励和表扬。同时，教师要有意设置一些多样化的问题情境，激发学生的想象。

【案例4】

年级：六年级

学科：数学

授课内容：六年级下册 圆锥的体积

在教学圆锥的体积时，教师先让学生猜想：圆锥的体积会和我们学过的什么图形的体积有关？当学生说出圆锥的体积和圆柱的体积有关时，再让学生猜想它们的会有怎样的关系？猜想后分组实验来探究圆锥体积与圆柱体积的关系，老师提供各组圆柱圆锥（等底不等高、等高不等到底、不等底不等高、等底等高），让学生用圆锥装满沙土倒入圆柱中，看几次可以装满。各组把每次实验的现象和结果记录下来。学生分组实验，教师参与其中一组。集体交流实验现象及结果。

在教学中让学生动手操作，发挥实践的积极作用；充分发挥小组合作学习的功能，使学生在民主、和谐的氛围中、进行探究，主动建构知识体系。如果学生长期接受这样的训练，创新能力必将得到很大的提升。

【案例5】

年级：四年级

学科：语文

授课内容：提示语的运用

出示：哈尔威船长站在指挥台上，大声吼喝："全体安静，注意听命令！把救生艇放下去。妇女先走，其他乘客跟上，船员断后。必须把六十人救出去！"

哈尔威船长站在指挥台上，"全体安静，注意听命令！把救生艇放下去。妇女先走，其他乘客跟上，船员断后。必须把六十人救出去！"大声吼喝。

师：这一次写的内容和第二次写的内容一样，字也一样，也是分段写我们的对话。但是什么变了？

生：提示语的位置变了。

师：对！写对话的时候，提示语的位置是可以变动的！提示语的位置变了，什么也跟着变了？

师：看看"说"后面的标点，对比一下。

学生对比后明白了，提示语放在说的话的前面，"说"后面是冒号；放在说的话的后面，"说"后面是句号；提示语放在说的话的中间，"说"后面是逗号。

师：你喜欢第一段，还是喜欢第二段？

生：都喜欢！

师：为什么？

生：因为许多课文就是这样写的。

生：有的课文写的和第一段一样，有的和第二段一样，所以我们都喜欢！

师：是的，这两种形式都可以。不过，我主张提示语适当地变化一下。提示语的位置变化一下，就显得活泼些，不死板。

师：请大家把第一段短文抄一遍。我怎么写，你们就怎么抄，要做到字迹工整，格式正确，别抄错标点符号。

学生认真抄写。

师：抄写得不错，人人都符合要求。只是有个别同学字写得还不够端正。

教师多帮学生写几句表扬的话，给学生树立自信。评定的级别也可以用激励性短语来体现，如"真棒""不错""还行""加把劲"等。

（三）质疑时使用激励评价，有效引发学生的深度思考

课堂教学活动是师生共同交流进步的活动，教师要让学生敢于挑战教师与教材的权威，力求让学生在学习活动中，逐步形成批判、反思的思维习惯。当学生提出不同于教师和教材的观点时，教师要及时肯定学生的求异思维和批判性思维。

【案例6】

年级：五年级

学科：数学

授课内容：五年级上册 三角形面积的计算

在教学"三角形面积的计算"时，通过数方格的方法和凑拼图形的方法得出：三角形的面积＝底×高÷2。

一个学生站起来说："老师，三角形的面积＝底÷2×高或者高÷2×底，行不行？"

教师先是一愣，继而眼睛一亮，在表扬了这位同学肯动脑筋后，让全班学生按照刚才推导出来的公式和这位同学提出来的两个公式计算书中的例题，看得数是否一样。经过学生的计算，利用这三个公式算出来的三角形面积一样。

这时，教师说："得数一样，还说明不了这个同学提出的两个公式正确，请同学们做实验，证明这两个公式是否成立，看谁的理由充足，讲给大家听听。"这样，教室成了实验室，学生的探索精神得到了充分的培养。

威廉曾经说过："平庸的教师只是叙述，好教师讲解，优异的教师示范，伟大的教师启发。"教师语言的启发性，就是在教学时"用语言把学生的心灵点亮"。古人也说过"画令人惊不如令人喜，令人喜不如令人思"。教师应该针对每个学生的潜能进行激励性、个性化的评价，努力创造和谐、民主、平等的课堂评价语言，使每一个学生都有一种获取成功的愉悦感，真正把学习作为一种精神享受。

（四）反思式的自我评价，有效提升学生的学习力

叶圣陶说："修改文章的权利，首先应该属于作者本人。"美玉是雕琢出来的，好文章是改出来的。学生习作完成后，学生自改更能使文章锦上添花。

【案例7】

年级：五年级

学科：语文

授课内容：快乐的一天

师：什么是"感受"？

生：是发自内心的感想，是自己做完一件事的心得。

师：看"感受"有几个字啊？

生：两个字。

师：我们先看"感"。

我们看到的大千世界，包括自然界、人类社会的一切，都是身外之物。内心去感知、感觉，这叫什么？

（板书：感之于外）

引起内心强烈的共鸣，引起内心情感的波澜。

这叫（板书：受之于心）。

师：这就叫（指板书）"感受"。

师：古人说目击事物以心击之，用心击之，用心感受它，引起强烈的情感活动，这就叫"感受。

师：好了，现在你们就谈谈你们的感受，刚才我谈了我看到你们后内心的情感变化，即我的心理活动。你们谈谈你们的心理活动和感受。

师：快乐的一天，就是要围绕"快乐"这个感受进行描写。生活中大家都有哪些快乐的事？

生：我喜欢弹琵琶，心情好时可以疯狂地扫弦，心情不好时也可以发泄出来。

师：作文源于生活，高于生活，生活体验丰富就有东西可写。你们看自己的习作有什么需要改进的地方。

生：我在介绍练习琵琶的过程中，没有突出快乐，我再具体写写我的内心感受，就更好了。

自评是让学生在教师的指导下自己看、自己改、自己写评语。学生自评时，先引导他们认识本次习作在哪些方面有进步，然后引导学生从成功的作文中发现成功的"诀窍"，反思的过程就是学生自我认识的过程，有效地培养了学生自我评价能力。

在日常教学过程中科学有效地运用激励性评价，是唤醒学生情感、肯定学生言行、培养学生专注力、引导学生精神成长的重要途径。通过有效的激励性评价,激发学生的学习动力,促进其不断进步;运用激励性评价,进入儿童的五彩世界,激发学生的学习热情之余还能够促进其深度学习;自我反思性评价,以多渠道的信息促进了被评价者的发展,学生能够更好地连接新知识和已有知识,形成知识网络和框架,对学生的认知和思维发展也有深远影响。

第六章 "学本课堂"建设的主导因素
——课堂智慧生成

"学本课堂"是灵动的课堂，是以培养学生创造能力和思维能力为主要目标的课堂，而不是以学生掌握多少知识为衡量标准的课堂。如何最大限度地开发和巧妙利用课堂生成点，实现有效的深度学习，让课堂焕发魅力，体现出生命的活力呢？在"学本课堂"建设中，以"预设与生成"的转化为研究点，以教师的"智慧生成"作为研究目标，探索课堂教学中要巧妙抓住"随机生成点、错误转化点、创新思维点"，打造充满智慧的"灵性的课堂"。

第一节 "学本课堂"构建中的主导因素

"明辨、分析、判断、创造发明的能力"是《现代汉语词典》对"智慧"的解释。"学本课堂"的目的发展学生智慧、培养学生创造、思维、情感与理智结合、掌握实践性知识等方面的深度学习能力，因此，"学本课堂"具有灵动性，包含了灵活、灵敏、机动、互动等特征。

目前，小学课堂教学主要存在以下几方面的问题。

（1）课堂教学缺乏活力。课堂氛围比较沉闷，教师依然是课堂中心，学生主体性不够突出，整堂课依然是老师在唱"独角戏"。

（2）学生学习缺少动力。通过观察和与部分同学交流后发现，学生对课堂的学习有比较大的心理压力，对知识是被动地接受而不是发自内心的喜欢和感兴趣。

（3）教学方法不够新颖。教学方法的选定要根据教学内容以及学生的特点来安排，如果教师只是在课前进行预设，不管课堂的突发情况或者学生的临堂反应如何，不及时调整教学方法，就会导致课堂效果不佳，教学目标难以达成。

"学本课堂"是灵动的课堂，是以培养学生创造能力和思维能力为主要目标的课堂，而不是以学生掌握多少知识为衡量标准的课堂，因此，在实际的"学本课堂"建设中，不管是教师的教法和学生的学法都体现出灵活、灵敏、智慧的特征。

叶澜认为，教育智慧集中表现在教师的教育教学实践中，是一种在教学生成和变动中，教师具备的敏锐感受、准确判断可能出现的新情况和新问题的能力；是一种教师能够把握教育时机、转化教育矛盾和冲突的机智；是一种根据教育对象实际面临的情境，及时做出决策和选择、调节教育行为时的魄力。著名教育家苏霍姆林斯基说，教育的技巧不仅在于能预见课堂的所有细节，而且能根据当时课堂的具体情况，巧妙地在不知不觉中做出相应的变化。在课堂教学过程中，教师预设问题与生成知识的能力相得益彰，充分体现出教师深厚的教学和充满灵性的教学智慧风格。

教师不仅要预设弹性的、合理的目标，也应有能力关注目标以外的生成。真诚关注学生发展的教师会果断调整教学任务，敏锐捕捉稍纵即逝的生成点，并加以放大。许多富有创造性的生成点是一闪而过的，一个大意，就可能错失一次激情与智慧综合生成的良机。课堂教学因提问而让学生的潜能灿烂绽放，因非预设性而让课堂充满灵性。

一、捕捉富有价值的问题 让课堂更"新"

课堂教学充满了各种偶发的事情，如课堂上学生的"突发奇想"，这让教学有了更多的不确定性，与其说是不确定性，不如说这是为学生的发展创造了更多的可能性。教师是课堂教学的组织者、管理者和参与者，课堂是教师的智慧表现平台，课堂内容的组织有序、合理的教学方法、恰到好处的探究引导、有效的课堂管理以及课堂和谐环境的创设等，都是教师智慧的表现。教师要善于把握住课堂上学生创造力、想象力出现的契机和发展的关键期，抓住每一次"突发奇想"，发展他们的创造力和想象力。在灵动的"学本课堂"上，更为重要的是训练学生的思维能力、表达能力、创造能力等。根据实际需要进行"非预设性"提问，让学生散尽疑云柳暗花明，使新生成的课程资源在提问下熠熠闪光，使课堂充满灵性。

二、关注细节 让课堂更"活"

课堂是由细节构成的。教师对细节的关注可以说是教学智慧的体现。从某种意义上说，细节就是课堂中的一句话、一个眼神、一个错误、一点变化。可以说，细节在促进学生发展的过程中起着举足轻重的作用，这也是为什么同样的教师、同样的课程，在不同的课堂中会产生不同的效果。关注细节，其目的就是要探寻教学时机。在课堂上，要为学生保留时间和空间，善于捕捉他们的微妙变化，并据此对教学过程做出新的调整。学生回答不出来问题时，简单地命令他们"坐下"不是最合适的办法。从细节中发掘并用科学手段进行处理，也就是要抓住学习的关键、要害、难点、重点，当学生的"课堂生成"与教师的"课前预设"发生偏差的时候，教师必须对"预设"做出调整，把灵动的教学智慧融入课堂。在学生非常窘困的时候，或许一次顺势引导，一次耐心平等的对话，一个鼓励的眼神，都能使教与学的活动得到事半功倍的效果，学生才能回报我们超越"预设"的"精彩"。

总之，"学本课堂"应是"能力、灵敏、创新"的课堂。富有智慧的教师要随时捕捉学生的疑问、想法、创见等精彩瞬间，因势利导发掘学生的智慧，只有这样课堂教学交流才有价值。而智慧教师培养的学生应是"掌握丰富的知识，运用恰当的学习方式并有较强的思维能力和个性，具有深度学习能力的学生"。灵动课堂中充满智慧的对话，是思维和思想的碰撞。学生也可以在教师的指引下，通过自己的思考唤起自己的智慧，从而使智慧在课堂上"闪光"。

第二节 智慧创生下的灵动课堂样态

课堂教学是一门灵动的艺术，它的灵动之处在于课堂中的随机生成点可能成为引发学生深度学习的"突破点"，在教与学的交往互动中实现师生双方相互交流、相互沟通、相互启发、相互补充。在这个动态复杂的发展过程中，各种不确定性让课堂更加生动、更加具有挑战性。

如何最大限度地开发和巧妙利用课堂生成点，实现有效的深度学习，让课堂焕发出魅力，体现出生命的活力呢？教师应该关注到学生的所作所为、所思所想，针对课堂上出现的情况，设身处地地站在学生的角度去理解、去思考，处理好这些情况，变"生成"问题为"活教材"，使之成为能够引发学生深度学习的"引子"。

一、随机生成点的转化

经过多年的研究，教师经过不断地碰撞与研讨，逐步梳理出利用生成点引导学生深度学习的多种策略，并在实践中取得了良好的教学效果，这不仅对课堂教学起到了一定的促进作用，而且使课堂变得更为灵动有效。

（一）善于抓住"小失误"调动学生的思维灵感

新课标强调，义务教育课程结构遵循学生身心发展规律和核心素养形成内在逻辑，以生活为基础，整合学习内容、情境、方法和资源等要素。因此，在课堂上老师要善于抓一些小的"失误点"，使学生能够主动思索、主动调整，进而主动思考和学习。

【案例1】

年级：四年级

学科：数学

授课内容：四年级下册 运算定律复习课

师：本节课的主要内容是带领学生复习本单元的运算定律，并运用运动定律进行简便运算。老师提前准备了一些题目，其中有一道题目因为老师小小的失误，把 $24 \times 56 - 24 \times 8$ 写成了 $24 \times 56 - 4 \times 8$。

师：同学们，这道题目老师在编写的时候出了一点失误，你们看看能不能帮老师改一下，让它能够简便运算？

纠正老师的失误，这个问题一出，学生的积极性便被调动起来了，俨然一副小老师的模样。

生：老师，应该改成 $24 \times 56 - 24 \times 8$！

生：我觉得不改也能进行简便运算，$24 \times 56 - 4 \times 8 = 4 \times 6 \times 56 - 4 \times 8 = 4 \times 336 - 4 \times 8 = 4 \times （336-8）$。

一时间，学生的思维活跃起来。

生：我也有好办法，$24 \times 56 - 4 \times 8 = 24 \times 7 \times 8 - 4 \times 8 = 168 \times 8 - 4 \times 8 = 8 \times （168-4）$。

……

学生从给教师改题到自己寻找解决问题的方法，课题气氛瞬间活跃。在此过程中，学生能够灵活运用单元所学，将学与用很好地结合在一起的，没想到一个生成点成为本节课的亮点。

【案例2】

年级：四年级

学科：数学

授课内容：四年级下册解决问题复习课

在一节数学复习课上，教师出示提前准备好的题目，其中提到"一件上衣8元钱"，显然，教师在出题时出现了小小的失误。

生：老师，一件上衣8元钱不符合生活实际。

另一生：是啊，老师，这道题目出得有问题。

面对课堂的随机生成，老师抓住了时机。

师：首先我要表扬这两位同学，数学一定要能解决生活中的问题，今天这道题，老师显然脱离生活实际了，同学们能够结合生活实际对老师的题目提出疑问，这是很好的质疑精神。

师：那如果你是出题人，你觉得这件上衣应该写多少钱？

生：我觉得应该是 8 的倍数且要大于 100，因为从日常经验来看，一件上衣 100 元以上是符合实际情况的，而这个数字必须是 8 的倍数，以确保后面计算的整除，不会出现衣服的定价不是整数的情况。

一个不经意的课堂生成将学生推到了讲台的前面，他们不再是被动地做题，而是能够灵活运用知识，成为一名出题人。显然，在这个过程中，学生的积极性被充分调动起来，课堂变得更加活跃和生动。

因此，教师要善于利用"小失误"，使之成为能够激发学生积极性的点，让课堂的自主权重新回到学生的手里。

（二）善于制造"小分歧"激活讨论的思维碰撞

有了分歧就会有讨论，有了讨论就会有思维的碰撞，只有有碰撞的课堂才是灵动的课堂，才是能够真正引发学生深度学习的课堂。课堂上，学生往往会有不同的声音，教师不要急于矫正和盲目否定，因为小学生最容易受思维定式的影响，不解决好下次还会犯同样的错误。因此，教师要紧紧抓住出现的分歧，顺藤摸瓜找出问题的根源，让学生真正理解知识的原理，深化和巩固学习效果。

【案例 3】

年级：二年级

学科：数学

授课内容：二年级下册 时间的认识

师：小明每天存 2 元零花钱，半年能存多少钱？那么半年是多少天呢？

生 1：半年 181 天。

生 2：不对，半年 182 天。

生 3：我认为平年的半年是 182 天，闰年则是 183 天。

到底谁是对的呢？教师没有急于评判，而是请学生阐述自己的理由，通过老师的引导，学生对数学的思维方式有了进一步的理解。

学生有分歧说明其思考角度不同，抓住学生的分歧，不仅可以让学生交流想法，而且可以引导他们在数学思考上进一步深入，激发他们掌握更多的学习数学的方法。

【案例4】

年级：六年级

学科：语文

授课内容：六年级下册《那个星期天》

《那个星期天》是史铁生回忆母亲的一篇散文，课文写了一个小男孩在一个星期天等母亲带他出去玩的经历，一开始他既兴奋又满怀期待，后来因为母亲一拖再拖而焦急万分，最后母亲没有兑现自己的承诺而使得小男孩失望、委屈乃至"绝望"。

师：文章学完后，你们认为这篇文章要表达什么中心思想？

生1：母亲不信守承诺。

生2：这是一个无聊的星期天，作者感到很无趣。

面对学生偏颇的理解，教师没有马上做出纠正。

生3：我认为作者写这篇文章的目的是表达母亲生活的不易，虽然已经答应孩子要出去玩，但是生活所迫，时间已经不由得母亲做主了。孩子当时一定不理解母亲的辛劳，但是多年以后回想起来，作者应该是有别样滋味的。

面对有分歧的讨论，教师退到后面，把思维碰撞的主动权交给了学生。

师：那么在这几种主张当中，你们认为谁的分析更符合作者的表达呢？

固然，一千个读者就有一千个哈姆雷特，我们要保护学生的阅读感受，但是由于学生阅历、知识储备等因素，他们对文章的理解不一定到位，于是教师把分歧变成讨论，在讨论中迸发学生思维的火花。

师：在那个物资匮乏、条件艰苦的年代，从小男孩的表述中你能感受到母亲这一天是怎样度过的？

生1：母亲这一天很辛苦，从早忙到晚。

生2：母亲没有兑现自己的承诺实属无奈。

生3：多年之后作者想起这件往事，一定会更加体谅母亲的辛苦，至于当时的失望可能已经不那么重要了。

……

在讨论中，学生逐渐走入作者创作的年代，带着对时代的理解、带着对过往的审视，在层层递进的探讨中，学生逐渐认识到，史铁生的这篇文章更多的是要表达对母亲的怀念，对往事的理解。

从以上两个小例子我们能够感受到，课堂生成是随机的，面对随机的生成，教师更应该善于利用小分歧引发学生的思维碰撞，让他们在讨论、争论、辩论中获得新知。

（三）善于创设"小游戏"激发学习的思维灵感

小学生有很强的好奇心和对知识的渴望，但是难以长时间集中注意力，为了打造"灵动的课堂"，打牢学生的专注度，教师往往通过创设有趣的游戏，调动学生学习的积极性，让他们充分参与到学习过程中，提高教学效率，培养他们的理解能力、批判性思维和语言表达能力。

【案例5】

年级：二年级

学科：英语

授课内容：二年级上册 学习数字的英文表达

为了打造"灵动课堂"，打牢学生的英语基本功，教师可以通过创设游戏，调动学生学习的积极性，让他们参与到学习过程中，培养他们的语言理解能力、批判性思维和语言表达能力。

在教授数字的英文表达时，教师就创设了有趣的游戏，事前准备好数字卡片。

师：我们一起做个游戏，猜猜我手中的卡片上的数字是什么，如果猜对了，你们就可以得到一张卡片。准备好了吗？

在收到学生肯定的回答后，教师开始提问："我手里这个数字的第一个字母是 T。"

有些学生回答"two"，有些说"three"，有些说"ten"。如果学生都能答对，就根据回答问题的速度来抢答。这个游戏虽然简单，但能有效提高学生的思维能力，增加学生的词汇量，帮助学生掌握每个英文数字的拼写和发音，把英语学习当作一种享受，从而提高课堂学习的效果。

在这个教学环节中，教师和学生之间不是单纯的教与学关系，而是合作学习，共同建构知识、发展能力。课堂中一个错误的回答促使教师改变教学思路，设计出"小小售货员"的游戏，让学生在真实情境中积极主动地探究，这也极大地调动了学生的学习热情。

（四）善于捕捉"小错误"引导知识的思维进阶

课堂上经常会出现学生对知识理解和运用的小错误，细心的老师会发现，这些小错误往往具有一定的代表性，如果能够利用好这些小错误，便能够起到画龙点睛的作用，实现"错着，错着，就对了"的目标。

【案例6】

年级：四年级

学科：数学

授课内容：骑车问题的解决

教师出了一道题目：四个小朋友想从 A 地到 720 米外的 B 地，只租到一辆自行车，大家轮流骑、轮流步行，他们到达 B 地时，平均每人步行多少米？

生1：$720 \times 3 \div 5 = 2160 \div 5 = 432$ 米。

生2：我的想法和他不一样。

面对学生的小错误，教师没有急于指出，而是给学生几分钟的时间。

师：（对生1说）我估计你没有好好读题目。把题目读三遍，再想一想。

（生1读了三遍题目，还是没有看出来错误。）

师：把问题再读三遍。

生1这次只读了一遍就摸着头不好意思地说：老师，我知道我错在哪里了。我算的是平均每人骑行多少米，而问题是每人步行多少米。

师：好样的，自己发现了错误。以后一定要一个字一个字地读完题目，不能没读完就想当然。特别是问题，一定要"咬文嚼字"。

面对这个小错误，教师的教学活动并没有止于此，教师又拿出几道类似的题目让学生找相同点和不同点，学生通过表格对比，很快得出了结论。四年级的学生大概是说不清楚的，但是他们有这层"意思"就很不得了了，"模型思想"呼之欲出。

曼德拉说："我没有失败过，要么赢得胜利，要么学到东西。"学生在课堂上出现的小错误并不是失败,利用这个课堂生成的小错误,教师巧妙化解,让学生有所收获。

【案例7】

年级：五年级

学科：数学

授课内容：五年级上册 小数混合运算

在小数混合运算的单元监测中，有这样一道数学题，生1的做法是 $2.2 \div 2.5 + 2.5 \times 1.8=（2.2 + 1.8）\times 2.5=4 \times 2.5=10$。

师：你这样做的理由是什么？

生：2.2 与 1.8 加起来能够得到整数 4，4 乘以 2.5 正好得到 10。

(很显然，这个学生在凑数。)

学生解释到这里，教师要抓住这个课堂生成，顺势讲道：一道题能够用简便计算，那能不能按照混合运算的运算顺序从左到右计算？

生：能！

（学生开始尝试着计算）但是结果并不一样，那么问题在哪里？学生开始思考。很快学生就找到了问题所在：2.2 和 2.5 是相除关系。学生恍然大悟，显然，他们原先的计算是有问题的。

课堂中生成错误点是很正常的事情，把改错的主动权留给学生，课堂会有意想不到的精彩。

教学中，我们不能只盯着学生的错误不放，更要跳出错误看错误，只有把错误踩在脚下，站在错误之上看远方，我们才能做到"差错就是差对，差一点就对了"。

（五）善于延时"小评判"保护学生的思维热情

评价是课堂教学的点睛之笔，也有重要的催化作用，能够促进师生之间的情感交流。延时评价在尊重学生差异的同时，还能减轻学生的学习压力，打破学校传统的固化评价，拓展学生思维，激发学生学习的热情，为学生创设一个安全的学习空间。

【案例 8】

年级：三年级

学科：语文

授课内容：三年级下册课文《漏》

课堂上，教师指定学生上黑板写"贼"这个字，这个字比较难写，虽然前一天已经让学生写过，但是今天小 A 同学仍然没有写对。

师：你再看一下这个字写对了吗？

老师没有急于进行评判，而是又请两位学生上黑板写这个字，同时问：小 A 同学，你看到哪里错了吗？

在两个字的对比中，小 A 很快找到了自己的错误笔画。

师：那你能不能当个小老师再给同学们强调一下这个字的正确写法？

生：这个字的一"撇"很重要。

师：对了，相信有了小 A 老师的提醒，大家就不会再把这个字写错了。

一个小小的延时评判，既保护了孩子的自尊心，又让学生自己找到了问题所在，起到了很好的效果。

【案例 9】

年级：二年级

科目：英语

模块：Module 2 Unit 1 现在进行时

师：同学们，我们今天学习现在进行时的肯定句，结构是主语 + be 动词 + 动词 ing ＋其他。例如，I am reading a book. 主语就是谁做的这件事，be 动词就是 am、is、are，根据主语来变化。动词加 ing 变成正在做。其他就是动词后面这一部分。那你们来读一下这句话。

生 1：I am reading a book.

生 2：I am reading a book.

师：对，接下来你们用这个结构来造一个句子试一试。

生 1：I playing football.

生 2：I am a TV.

师：你们两个人看一下黑板上的结构，找没找到自己的错误呀？

生 1：我好像少了个动词。

生 2：我好像也是少了个动词。

师：对的，一个少了 be 动词，一个少了 ing。

生 1：可是老师我记不住，两个动词我总是漏掉一个。

此时，教师意识到像这种语法结构，大部分学生都是采用死记硬背的方法，而且练习造句时经常多一块少一块。各课时教师认为讲得慢一点、细一点，再多点练习，学生总会彻底掌握的。但课堂上的重复练习不仅让学生觉得无趣，而且打击了学生学习的自信心。此时需要调整教学思路了，于是，教师灵机一动，用他们爱吃的汉堡去引导，把枯燥无味的语法变成了有趣的想象，与实际生活结合起来，大大提高了学生学习的积极性，使课堂气氛更加活跃。

师：那我们这样来记，你们喜欢吃汉堡吗？

生 2：当然喜欢呀，我最喜欢双层牛肉堡！

师：那我们这么想，汉堡最上面的面包就是主语，第一层肉饼就是 be 动词，第二层肉饼就是动词 ing，那么其他成分就是最底下的面包。你们要层层叠加，才能得到一个完整的双层牛肉汉堡。我们再用这个想法试一试。

生 3：I am listen to the radio.

师：虽然你的结构对了，但是你的第二层牛肉饼好像少了一块呀，赶紧看看能不能找回来。

生 1：老师，我知道！是少了 ing，完整的是 I am listening to the radio.

师：对的，双层牛肉堡就对应了现在进行时的肯定句结构。

学生的想象力是极为丰富的，经常蹦出天马行空的想法。教学中，如果教师恰当巧妙地使用"调动现象"的策略，既可以增强学生学习的趣味性，又能引导学生深入思考，自行矫正错误，从而受到意想不到的效果。

二、对学生错误点的引导

在打造灵性课堂的过程中，我们越来越发现合理利用"错误点"引导学生深度学习的重要性。黑格尔说过："错误本身是达到真理的一个环节，由于错误，真理才会被发现。"学生学习过程中出现这样那样的错误是正常的，这些错误往往会给学生带来更多的启发，引导学生深入思考，达到知识与能力的创生。因此，如何在课堂上利用"错误点"这一宝贵资源，因势利导，生成新的知识与能力，让教师不再单纯"走教案"，已成为教师的一项重要课题。

几年来，教师经过不断碰撞与研讨，逐步梳理出利用错误点引导学生深入思考的多种策略，在实践中取得了良好的教学效果，不仅对课堂教学起到了一定的促进作用，而且让课堂变得更为灵动有效。

（一）利用错误点，"联系生活"引导学生

生活处处皆学习，学习离不开生活。新课标强调教师要善于引导学生联系生活实际进行学习。因此，如果教师在课堂上针对学生的错误点，采用联系生活实际的方式进行引导，会达到事半功倍的效果。

【案例1】

年级：二年级

学科：语文

授课内容：二年级上册第四单元《黄山奇石》第一自然段

在学习《黄山奇石》一课时，有这样一句话："中外闻名的黄山风景区在我国安徽省南部。那里景色秀丽神奇，尤其是那些怪石，有趣极了。"这句话中的词语"尤其"，是这节课较难理解的词语。

尽管在备课时，教师已经预设了重点词语理解的引导语，但没想到的是学生还是卡在了"尤其"这个词的理解上。

生：我想"尤其"的意思就是"其中"。

生：我觉得是"一种"的意思。

……

几个同学的回答都没有说到点上，于是教师换了一种方式，用"尤其"造句，让这些句子更贴近学生生活，有利于学生的理解。

师：很高兴听到同学们认真思考后的回答，通过大家的讨论，我们已经离答案越来越近了，小勇士们请继续勇往直前，下面请认真听老师造的句子，试着回答老师的问题。

"我喜欢春天五颜六色的花朵，喜欢夏天的凉风，尤其喜欢冬天漫天飞舞的白雪。"

师：我最喜欢的是什么？

生：冬天漫天飞舞的白雪！

师：很好，继续听。"小明各科成绩都很好，尤其语文更突出。"

师：小明哪科成绩特别好？

生：语文！

师：非常好，那么现在你们能给"尤其"找个近义词好朋友了吗？

生：更加。

生：特别。

师：刚才，老师结合我们的生活实际列举了几个例子，同学们都答对了，通过这样一番讨论，在理解词语方面你们掌握了什么方法？

生：可以通过联系生活来理解词语。

在这个环节中，教师巧妙地利用了学生的"错误点"，与学生协同合作，共同围绕着核心问题开展自主性探究学习，引导学生联系生活实际理解词语，实现了学习目标。

【案例2】

年级：三年级

学科：数学

授课内容：三年级上册 克、千克、吨的认识

师：请你们填上合适的计量单位，一个苹果重150（　　）？

生1：应该填"千克"。

师：请问你的体重是多少呀？

生1：老师，我重40千克。

师：看来，你的苹果要获得吉尼斯世界纪录了，因为它的重量超过了你的体重。现在再想一想，苹果的计量单位应该是什么？

生1：老师，我知道了，应该是"克"。

师：一根跳绳长 3（　　）？

生 2：分米。

师：请你用尺子量出 3 分米长的绳子。

（生 2 拿出直尺……）

师：哇！这么短的绳子都能跳，我们要成为超人啦！

（学生在一片笑声中终于领悟到该用"米"作单位。）

学生参与学习活动出现错误后往往会觉得很尴尬，这时，教师幽默风趣的语言会化解学生的尴尬，也利于调动学生的积极性。

以上两个案例，教师均依据学生错误点，采用联系生活实际引导学生深入思考的方法，有效纠正了学生的错误，使学习更加直观。

（二）利用错误点，"将错就错"引导学生

"将错就错"是一种顺向思维，它指的是教师在发现学生出现错误点后，不急于指出学生的错误，而是顺着为学生的思路，引导他们接续说下去，让学生自行明确问题所在，引导他们始终处于深度学习的思维训练中，最终掌握所学知识。通过实践，我们发现"将错就错"的策略更得到学生的喜欢，充分满足了他们作为学习小主人的心理，最终让"错误"成为课堂教学的新亮点。

【案例 3】

年级：二年级

学科：数学

授课内容：二年级上册 乘法的初步认识

师：你能把 6 + 6 + 6 + 6 + 3= 这个加法算式改写成乘法算式吗？

生 1：我这样做，6 + 6 + 6 + 6 + 3=6×5。

生 2：这个算式不能改写成乘法算式，只能写成乘加或者乘减算式。

教师在生 1 的错误算式中发现，他把 3 看成了 6。为了防止其他学生也存在类似的想法，教师需要引导学生及时改正。于是授课教师及时调整教学环节，鼓励和启发该生继续说下去。

师：××同学，你能说说自己是怎么考虑的吗？ 6 和 5 分别指什么？

结果，他发现了自己的错误。

生1：老师，我知道了！我把3看成6了。

师：思考一下，3和6之间存在怎样的关系？利用这样的关系，我们可不可以列乘法算式？

生1：哦，我想到了，这道题是可以写成乘法算式的，可以把每一个6看成是两个3呀，这样所有的加数都变成了3，就可以写成3乘9了。

师：是呀，变换一下考虑问题的思路，就可以得到和刚才同学们说得不同的结果。

一石激起千层浪，学生顿时活跃起来，大家争先恐后地发表自己的见解，并很快学会了举一反三。

【案例4】

年级：三年级

学科：数学

授课内容：三年级下册 对称

出示长方形、正方形、三角形、平行四边形等学生认识的平面图形。

师：你们知道哪些是轴对称图形？

生1：平行四边形是轴对称图形。

学生出现这样的错误判断后，教师及时调整提前设想好的教学环节，顺着他的思路，让他说明理由。结果，生1的回答出乎了教师的意料。由此，拓宽了学生的思维，出现了课堂中精彩的一幕。

生1：我认为当平行四边形的四条边相等时，可以把它沿对角线折叠，这样就能完全重合，因此这种特殊的平行四边形是轴对称图形。(这样的说法确实很有说服力)

师：同学们，刚才这位同学说的话中有一个特别好的词语，是什么？

生2：特殊。

师：对，当平行四边形的四条边相等时，它就是菱形，菱形是轴对称图形。听了这位同学的回答，你能得到什么启示？

生3：一般的三角形不是轴对称图形，但特殊的三角形是轴对称图形，如等腰三角形、等边三角形。

生 4：一般的梯形不是轴对称图形，但特殊的梯形是轴对称图形，如等腰梯形。

从以上两个案例中，我们发现教师根据学生的错误点，适时地"将错就错"，能够引导学生自主发现问题，更好地激发他们的学习内驱力，从而收到意想不到的效果。当然，在学生出现错误时，教师应格外留心观察他们的每一个眼神、每一句话，给他们发挥的空间，学生灵感的闪现会给课堂带来意外的惊喜。

（三）利用错误点，"情境在线"引导学生

教学中，有些知识点，比如空间图形，是学生从未接触过的事物，我们发现在学生出错后，如果教师单纯地让学生改错，会比较枯燥，也不易理解，结果可想而知——学生兴趣不高，教学质量不高。而"情境在线"的策略很好地解决了这个问题，它更加关注让学生走进真实的情境中，让学生在做一做、摸一摸、拼一拼、演一演中，明晰了错误，理解了概念，既学得有趣，又学得深入。

【案例 5】

年级：一年级

学科：数学

授课内容：一年级下册第六单元 人民币的认识信息窗 2

在教授《人民币的认识》这一信息窗时，由于大部分小学生在生活中很少接触人民币，大多数情况下都使用电子支付，所以这一章节对于他们来说有点抽象。在自主练习时，学生出现了很多错误。

例如，有 20 元钱，买一个地球仪 13.5 元，需要找回多少钱，很多同学给出的答案是 7 元 5 角。于是教师决定改变教学计划，组织一个"小小售货员"的游戏，在实践活动中提高学生解决问题的能力。

师：现在，我们一起做个"小小售货员"的游戏，请同学们以小组为单位，从文具袋中拿出自己的学习用品，铅笔 1 元钱，橡皮 2 元，尺子 1.5 元，铅笔盒 15 元。用学具人民币图片当作钱。小组成员轮流当售货员，其他同学

当顾客，看看哪位售货员收的钱和找出的钱最正确。

学生进行游戏。教师进行巡视，伺机引导。

师：不要光买一种商品，买两种试试。

师：你的钱不够了，你应该向他再借多少？

通过课上一系列的实践活动，学生逐步理解了应该怎样找钱。

【案例6】

年级：五年级

学科：数学

授课内容：五年级下册 长方体和正方体的认识 课后练习2

在长方体和正方体的认识这一信息窗中，有一项重要的学习目标：能在借助实物和模型探究的过程中,发展学生的空间观念,感受立体图形的数学美。学生已经从面、棱、顶点三方面对长方体的特征有了一定的认识，但在解决具体问题时，缺乏结合特征理解数据、结合实际寻找条件的经历，造成在解决问题的过程中存在困难或者结论不全面的问题。

不同学生空间观念的差异非常大。学生虽然在生活中经历过长方体纸盒的"拆"或"拼"，但仍然不清楚长方形六个面与文字中叙述的长方体长、宽、高有怎样紧密的联系。

哪几个面可以围成一个长方体？

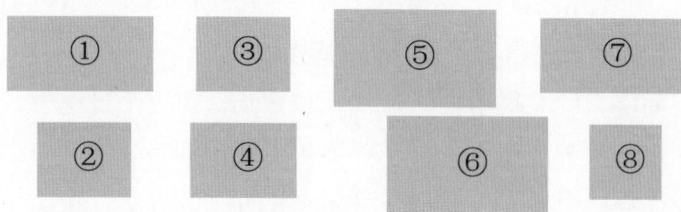

图 6-1　课堂例题

此题是一道巩固长方体特征知识的变式练习。

师：请同学们认真审题，仔细看图，独立思考后可以同桌交流一下这样选择的理由。

生1：①⑤、③⑧、②④。

师：你们同意吗？

生2：老师，我认为××同学相对的面找得不对。这应该是一个普通的长方体，里面不会含有正方形，没有能和正方形⑧完全重合的图形。

师：你是怎么看出来的？

生2（摸了摸自己的小脑袋）：我是目测出来的。

师：你的眼力可真好！其他同学也能通过目测的方法去辨别完全相同的面吗？

这时，有的同学自信地点头，有的同学却紧皱眉头，不自信地摇头……

师：我们一起想办法来验证一下吧！（拿出课前准备的学具包）

师：长方体相对的面有什么特征呢？

生：长方体相对的面大小相等。

生：长方体相对的面形状相同。

师：请同学们用自己喜欢的方法去验证这道题的答案。

生：我找到了两个可以完全重合在一起的长方形。

师：你的办法不错，这种方法叫做重叠法。

生：我用尺子量出一个面的长和宽。再用尺子去找和它长、宽都相同的长方形，也能发现一组完全相同的面，我可以找出3组这样相对的面，结果排除了图形④和⑧。

师：哦，你是用测量法，用数据比对来验证的。你们的想法真不简单（竖起大拇指），谢谢大家点亮了同学们的思维。

学生空间能力的获得主要通过视觉和知觉，在这个过程中，能否获得准确的表象不仅依赖于观察水平，还要依赖于观察策略。案例中，教师结合学生出现的错误点，引导学生通过亲身制作长方体的方法，在量一量、摆一摆的过程中找到了答案，巧妙地化解了难点。

（四）利用错误点，"反复回味"引导学生

"反复回味"，顾名思义就是反复品味与思考。在实际教学中，我们发现有些知识无论教师提前预设的多么充分，总有学生出现错误。这种情况下，教师可以采用"反复回味"的策略，引导学生回到文本中，通过反复阅读，

提取关键信息，促使学生对已经形成的认识从另一个角度去思考，从而提高学生的学习能力。

【案例7】

年级：四年级

学科：语文

授课内容：四年级下册第七单元第24课《"诺曼底号"遇难记》

生：老师，船长在诺曼底号轮船沉没前，明白有时间救自己，为什么不救？而是选择和轮船共存亡？我不是很理解他的选择。

师：你很会思考，同学们再仔细阅读这部分内容，思考在当时紧急的情况下船长是怎么做的？他有没有想过要救自己？

生：他说"必须把六十个人救出去"，其实一共六十一人，我推测当时他没有想过救自己。

师：你能再来读一读船长的命令吗？

生：哈尔威船长站在指挥台上，大声吼喝："全体安静，注意听命令！把救生艇放下去。妇女先走，其他乘客跟上，船员断后。必须把六十人救出去！"

师：这个命令是在什么情况下下达的？

生：是在"诺曼底号"的侧舷被剖开了一个大窟窿之后，甲板上的人们惊恐万状、非常混乱，都想逃命的情况下说的。

师：这么紧急的情况下，船长为什么大声吼喝，并且下达这么复杂的命令？同学们把这段话再读一遍，思考这个问题。

生：因为当时甲板上很嘈杂，所以船长先让大家安静下来，这样才好下命令，大家才能更好地执行这个命令，才能有更多的人获救。

师：在船长镇定的指挥过程中，他都会想些什么？

生：他可能在想，我一定要让船上所有的人都尽快撤离，尽快获救。

师：最后六十个人都安全撤离了，此时他有自救的打算了吗？再读课文，找到描写此时船长样子的句子，画下来。

生：没有。当船沉没时、当所有乘客都获救时，船长一个手势也没有做，一句话也没有说，犹如铁铸，纹丝不动，像一尊黑色雕像一般沉入大海。

师：此时，他又是怎么想的？

生：他可能会想，我终于履行了我的职责，让所有人都安全撤离了。

师：他为什么要履行这个职责？

生：因为他是船长，他的责任就是保障乘客安全。哦，我明白了：能让每一位乘客安全撤离，就是当时他的选择，其实他根本没有想过自己的安危，更没有想过要自救。

师：是的，当然还有一个伙伴也需要他的救助，就是——

生：轮船，但是轮船已经破损，正在下沉，他救不了了。

师：所以当所有人都安全撤离后，他无法救助他的工作伙伴——轮船，所以此时他又做了一个选择——与伙伴共存亡。这就是船长精神，这就是责任担当。让我们一起再来读一读这部分内容，感受船长的责任担当。

此案例中，教师针对学生的理解难点，采用"反复回味"策略引导学生一遍一遍地阅读、一字一句地推敲，反复回味课文内容，反复体会人物精神，从而更好地理解了人物形象。

【案例8】

年级：三年级

学科：语文

授课内容：三年级上册第三单元 语文园地三

修改病句一直都是语文教学中学生的易错点，课上学生在找错环节中出现了漏掉错误点或找错错误点的情况。

教师出示错误例句：星期天上午，我写完作业，就看"西游记"在屋里，正当我看得有声有色津津有味的时候，爸爸走了进来，热切地说："小书虫，该吃饭了。"

生讨论后回答：我们组认为应该把西游记的双引号换成书名号；"有声有色"和"津津有味"重复了，应该删掉其中的一个；"热切"用得也不对，爸爸跟我们说话应该用"亲切"更好。

师：分析得好，还有谁来补充？

生：我们认为"有声有色"和"津津有味"只能删除掉"有声有色"，

因为读书没有"色"，一般我们都用"津津有味"来形容读书。

师：没错，看书用"津津有味"更准确。但还有遗漏，看看还有哪个小组补充？

生：……

学生又说了好几处，但都没有说到点子上，此时，教师已经意识到学生是在读句子上出现了问题。他们把关注点放在了找错误上，而没有完整地读一读修改后的句子。于是教师决定带领学生反复读一读修改后的句子，让他们自己去品味句子的意思，找到错误。通过朗读学生很快发现，原来还有语序上的错误，应该是"就在屋里看《西游记》"，而不是"就看《西游记》在屋里"。

师：逢错题必总结，通过这个例句，请你们做小老师提醒大家，怎样才能做好修改病句的练习呢？

生：找完所有的错误以后一定要再次通读句子，看看有没有不合适的地方。

生：再次通读的时候要用手指着，以免"经验主义"遗漏错误点。

"读书百遍，其意自现。"当学生在学习过程中遇到难理解、难表达的问题时，教师适时引导学生走进文本，通过反复阅读，就能达到深入思考、强化理解的目的。

（五）利用错误点，"调动想象"引导学生

想象是灵魂的眼睛，想象力不是生来就有的，而是后天培养的结果，它是可以培养的一种能力。因此，教师应重视对学生想象力的培养。儿童是最富有想象力的一个群体，面对学生在学习过程中出现的错误点，教师可以借助"调动想象"的方式引导学生，帮助他们在合理的想象中学会学习、学会思考，将想象力转化为创造力和智慧。

【案例9】

年级：二年级

学科：语文

授课内容：二年级下册第一单元第一课《村居》

教学时发现,学生对于"草长莺飞二月天"的理解比较到位,但是对于"拂堤杨柳醉春烟"这句诗理解困难。

师:你知道"拂堤"是什么意思吗?

生:是"河边"的意思。

生:应该是"河堤"的意思。

师:意思非常接近了,请看这幅图片,柳树长在河堤上,堤就是堤岸的意思。那么"拂"是什么意思呢?

(这时无人回答。)

师:观察这个字的偏旁,你发现了什么?

生:是提手旁。

师:提手旁的字一般都跟什么有关?

生:跟手上的动作有关。

生:有可能是"抚摸"的意思。

师:很接近了。

生:是飘拂的意思。

师:没错"拂"在这里就是飘拂、拂拭、掠过。

师:谁知道"醉"的意思?

生:陶醉。

师:那"醉春烟"就是陶醉在春天的美景中。

师:结合插图说说诗句的意思,其他同学谈听后感受(鼓励学生结合画面用生动形象的语言进行描述)。

生:河堤上的柳树陶醉在春天的美景中。

师:说得不错,如果能更细致地描写一下这个场景就更好了。谁能再来试一试?

学生几次回答下来效果都不太好,于是教师决定换种方式试试,利用PPT把"拂堤杨柳醉春烟"的图片展示出来,引导学生观察并想象画面。

师:请同学们仔细观察画面。现在请你们闭起眼睛来,联系生活想象一下,春天里,你们走在小河边,堤岸上有一排柳树,春风一吹,柳枝轻轻摆动好像在抚摸河堤一样……现在请你们睁开眼睛，用自己的话来说一说这个场景吧！

生：堤旁的柳树长长的枝条，轻轻地拂着地面，仿佛在春天的烟雾里醉得直摇晃。

生：微风吹过，杨柳轻拂堤岸，好像沉醉在春天的美景之中。

《村居》这首诗画面感强烈，直观形象，结合画面去想象诗意，既锻炼了学生的思维能力，又能让学生进一步感受中华文字的神奇魅力。

三、创新思维点的延展

在打造灵性课堂的过程中，我们发现实施单元整体教学引导学生深度学习的重要性。实施单元整体教学是指教师基于新课程标准，围绕特定主题，对教学资源深入解读、分析、整合、重组、再创，从而搭建一个由单元主题统领、各主题相互联系、逻辑清晰的完整的教学单元。教师在单元主题的大观念的统领下，将教学等各环节呈网状联结在一起，在延学单的指导下搭建起单元结构化的学习支架，有效延展学生的创新思维点。

（一）知识延伸，拓宽认知视野

结合单元全景教学和"学本课堂"建设的要求，六年级数学课内学习侧重于规范性系统的知识理解，帮助学生建构知识体系，课外学习则可以用延学单适当补充一些延伸性、实践性和探索性的学习内容。将课内与课外学习有机结合，根据教学内容设计有针对性的延学拓展题，将会有效地调动学生参与学习的积极性，使学生获得更大的发展，有利于培养学生的创新思维与能力，拓宽学生的认知视野。

【案例1】

年级：六年级

学科：数学

授课内容：六年级上册 比的意义

比的意义的教学可以设计这样的问题：你听说过"比"吗？在哪里见到过"比"？如果有疑问可以记录下来，上课时和老师、同学一起研究。学生在实际生活中搜集了各种形式的比，并在课堂教学中成为有效的学习资源。例如，足球比赛中的分数就可以很好地帮助学生理解数学中的比的实际意义。

师：生活中你们见过哪种形式的比？

生：身高比，体重比……

生：足球比赛2：0。

师：同学们想一想，足球比赛的二比零表示的意义是什么？我们学的比的意义又是什么？这两种形式都是比吗？

通过同学交流与教师指导，让学生理解数学中的比表示的是两个数相除的关系。

在教学《比的意义》之后，还可以设计拓展性问题。让学生通过网络等途径搜集有关"黄金比"的相关知识和在生活中的应用实例，拓宽学生的认知视野，感受数学内在的文化底蕴。

师：古希腊著名哲学家、数学家毕达哥拉斯在 2500 年前发现，

$1 \div 0.618 = 1.618$

$(1-0.618) \div 0.618 = 0.618$

师：我们人体上有很多黄金分割点，如肚脐是我们整个人的黄金分割点；肘关节是我们中指指尖到肩的黄金分割点；手腕是中指指尖到肘关节的黄金分割点；脚踝是脚尖到膝盖的黄金分割点等。

师：请同学们来找一找，这些身体中的黄金分割点。

师：运用黄金分割这个比可以创造出很多美好的事物，除此以外，生活中还有一些很有趣的比，同学们以后可以慢慢感受和发现。

（二）动手实践，锻炼操作能力

数学内容相对比较抽象，在有限的教学时空中，学生不可能总有机会动手实践，而课外则有更多的时间与机会。在相关知识的学习后应用延学单设计实践性的拓展作业，可以很好地培养学生的动手实践能力，发散学生思维。

【案例2】

年级：六年级

学科：数学

授课内容：六年级上册 可能性

教学可能性后可以自己设计、动手制作转盘的延学实践题。

师：请同学们自己做一个转盘，涂上红色、黄色和绿色，使指针转动后偶尔落在绿色区域，而落在红色、黄色区域的次数差不多。应怎样涂色？先试着涂一涂。

师：请同学们转动若干次，看看结果怎样？

生：老师，真的落在绿色区域的次数很少。

生：老师，落在红色和黄色区域的次数差不多。

延学实践作业可以使学生自觉地将数学知识运用于动手实践中，学生可以根据自己的想法进行富有个性的设计。

（三）问题探究，发展创新思维

数学学习的过程是充满挑战性的。在课堂学习中，学生有机会经历自主探索的过程，掌握数学知识，学习数学方法。如果能充分利用课外时间进行拓展，则更有利于培养学生的创新思维与能力。

【案例3】

年级：六年级

学科：数学

授课内容：六年级下册 圆柱的表面积

教学圆柱的表面积后，可以设计这样的延学探究题。

师：用一张长25.12厘米、宽9.42厘米的长方形纸，围一个圆柱。怎样围体积最大？

师：猜想一下，怎样围体积最大？

生：长为底围成的圆柱体积最大。

生：宽为底围成的圆柱体积最大。

师：我们算一算，来验证自己的想法。

生：（25.12÷3.14÷2）2×3.14×6.28=315.5072（立方厘米）

（9.42÷3.14÷2）2×3.14×25.12=177.4728（立方厘米）

177.4728 < 315.5072

生：原来以长围底、宽为高围成的圆柱体积最大。

师：是不是都是这样呢？请同学们继续探讨。

在自主探索的过程中，学生不仅更好地理解了平面和立体的关系，而且还体会到应努力寻求优化的解决问题的方法。

有价值的延学拓展延伸问题是对课堂数学学习的有效补充，不仅可以激发学生的研究热情，同时也可以使学生养成用数学、做数学的良好习惯，创新思维与能力也能得到有效培养。

（四）延学再创，发展思维品质

在单元整体教学中，教师可在单元统整的基础上再创文本，应用延学单延展话题，设置任务，让学生创造性地解决问题，促进学生思维的提升。新课标提出，学习策略的迁移性将有助于促进学生实现终身学习能力的发展，通常教师可组合运用这些学习策略，培养学生创造性地解决学习中遇到的较复杂的问题的能力，并在解决问题的过程中进一步提升学生的语言能力、文化意识、思维品质及学习能力。

【案例4】

年级：五年级

学科：英语

授课内容：五年级下册 Module 5

教材五年级下册 Module5 单元的话题为 Choosing Things，单元内容围绕"选择合适的物品"这一主题展开，涉及三个课时、三个语篇，包括三组日常对话。语篇一为 Lingling 和 Ms Smart 谈论包的状况及在商店选择合适的包的过程中与售货员之间的日常生活对话。Lingling 的行李箱坏了，Ms Smart 要为她买一个新的，于是两人去商店挑选合适的包，在售货员的推荐下选到了合适的包。在学习了核心语句之后，学生练习使用新学句式对 LingLing 选择的包进行描述，并说出最终选择红色包的原因。这时教师向学生提问，Lingling 选择的这个包给 Lingling 的妈妈上班用合适不合适？为什么？学生纷纷回答不合适，因为这是旅行包，太大太沉了，由此教师向学生提出了新的任务"Choose a bag"，你们能为 Lingling 的妈妈选择合适的、上班用的包么？并论述选择的原因。让学生用核心语言对各种形式的包进行比较、鉴别、并最终做出合理的选择。并由此在课时三中再创了在网络购物的真实语境，设置了更为复杂的语用任务：让学生根据不同的目的，为不用的对象从网络上选择购买不同的礼物。例如，有的小组是为朋友选择一个笔袋，学生就要从收礼物人的性别、爱好还有自己能承担的价格等方面进行考虑，并以小组为单位，根据教师提供的语言框架创造新的语篇对话，进而进行表演。这个环节的设计让学生通过自主学习和探究，了解线上线下购物方式的区别，能从不同的角度去考虑问题从而做出决定，形成开放包容的态度，引导学生合理选择、消费，更加贴近日常生活。这样，在单元话题的引领下，学生积极运用已有的学习策略，基于问题任务主动开展小组学习探究，创新开展课后延学实践活动，培养了多元的思维方式，提升了综合运用语言的能力。在创新解决问题的同时，自然而然地促进学生的语言能力、思维品质、文化意识和学习能力的融合发展，课堂也因此而焕发出前所未有的张力和生命力。

第七章 "学本课堂"建设的核心要义
——构建课堂教学模块

"自主的课堂样态"将"知识建构"作为研究切入点,以"自主预学—合作共学—交流展评—课后延学"作为教学模块,在实施过程中依托"原生问题—共生问题—衍生问题"的有效问题驱动,开发"导学任务单""合学任务单""延学任务单",以"三单递学"教学法为实施路径,以进阶式学习工具导学链条,帮助学生以问题为主线构建学习支架与模式,打造"知识问题化—问题思维化—思维迁移化"的深度学习课堂。

第一节 自主课堂教学模块建构

"学本课堂"将"安静的课堂、灵性的课堂、自主的课堂"作为"学本课堂"的三种样态,在自主的课堂样态建设中,以"自主预学—合作共学—交流展评—课后延学"作为教学模块,在实施过程中依托"原生问题—共生问题—衍生问题"的有效问题驱动,开发"导学任务单、合学任务单、延学任务单",以"三单递学"教学法为实施路径,帮助学生以问题为主线构建学习方法与模式,打造"知识问题化—问题思维化—思维迁移化"的深度学习的课堂。

一、自主预学:设计任务

"设计任务"是自主课堂教学的第一大基本环节。在自主的课堂样态打造中,任务的提出是关键,是这一教学方法实施的核心,它决定着一节课中学生是主动学习还是被动学习。因此，教师要站在略超前于学生智力发展水平的高度上，即略高于学生的最近发展区，提出有利于学生掌握技能、获取知识的有意义的任务。

教师基于识记、理解、应用分析、评价、创造的学科素养维度目标，针对一个单元或者一个阶段，设计系统化的、有一定梯度的学习任务，分解到三种学习单中，即"导学任务单—合学任务单—延学任务单"，从可操作任务，探究性任务到开放性任务进阶式推进；"三单"任务以贴近学生生活、学习的情境串为引导，激发学生主动参与的兴趣，将学习与解决生活问题紧密相连。"三单"基于学情，从"原生问题—共生问题—衍生问题"出发，让教学板块之间发生内在联系，助力学生构建以目标为引领、以任务为驱动，从基础知识到综合运用的立体知识建构，实现学生知识线的拓展与"跨界"。

二、合作共学：协作学习

"协作学习"是课堂教学的第二大基本环节。教师设计的任务可以由学生个人完成，也可以由学生分小组完成。这一过程具体分为两个环节。

（1）学生自主探索。在这一阶段中，教师并非直接告诉学生应该如何做，仅需针对不同的角色，向其介绍一些与任务完成相关的资料或提出充分利用好现有资料的建议，或提供一个完成任务的基本框架。在这一过程中，教师要站在略超前于学生智力发展水平的高度上，借助于提问、观察、交谈来引导学生对解决问题所需的策略进行探索。

（2）学生协作学习。自主课堂强调合学型组织的建设。教师要注意引导学生积极协作，让每个学生随时向小组成员传递自己已获得的资料、任务进展情况等，在互帮互助中共同进步，让每个学生的思维成果为整个小组所共享。教师要适时组织小组交流讨论，针对小组协作中遇到的问题，及时调整计划、进度，甚至调换角色，从而使各小组进一步把各自的学习活动深入进行下去。"合学任务单"从内容到形式，实施"学、展、评"逐级指导。从有价值的问题的选择、小组成员如何各司其职，到怎样展示学习效果的组内、组际量表，以评价为驱动，建立有效的"知识建构""对话建构""活动建构"，从而通过合学型组织的建设，创设真实有效的合作学习环境，让学生真正做合学小主人、小评价师，会学习合作、善评价反思、有学习智慧。

三、迁移延学：反思拓展学习

教师设计"延学任务单"与"学海去淘宝—睿智去闯关—生活巧致用"情境串，让学生积极投入学习，以"学习总结＋反思评价＋解决实际问题"的思路架构让学生学会梳理知识、提炼要点，反思自己的不足，在具体的问题解决中提升综合运用知识的能力，让学生产生"门槛体验"，知道在做什么，如何做、做到什么程度，明确学的作用与意义，把有趣的经历整合成有意义的整体。

四、效果评价：学习成效诊断

"效果评价"是任务驱动式课堂教学的第四大基本环节。"目标达成度"是衡量一堂好课最主要、最直接的标准。"三单"的评价由"行为主体＋行为表现＋行为条件＋表现程度"四要素构成，为了解决"学生应当到哪里？学生在哪里？学生当前的状态与期望的状态（目标）存在什么差距？"这一系列问题，教师一方面要关注学生学习的结果，另一方面要关注学生学习的过程，强调学习结果，重点关注学生的独到见解和解决问题的能力，强调学习过程的主要目的是促进学生主动学习和参与的热情,激发学生的学习兴趣。同时，在这一过程中，学生在教师的有效评价中获得充分的肯定，体验到作为成功者的快乐，从而保持良好的学习势头。

第二节　"三单递学"教学法建设
——"导学任务单"驱动下的自主学习

"导学任务单"，即基于前一节课或上一个单元的学习，将所获得的知识与技能与自己的实际生活相联系，可通过思维导图、语言支架、表格呈现等信息提炼的形式进行反馈，进而培养学生自主学习的能力。任何学生在进入课堂之前都不只是一张白纸，他们带着旧知走入课堂，任何新知的产生也不是"横空出世"。随着新课改的不断推进，我们也发现，教学内容逐渐增加，想要提高课堂效率，就必须让学生做好充足的准备走进课堂。在研究中发现，很多学生没有预习的好习惯或者预习程度不高，导致教师在讲新课的时候节奏太慢，直接影响了教学效率。基于此，学校积极开展"导学任务单"的设计研究，就是给学生一个预习的支架，在这个支架的帮助下，学生可以发挥自主性。一方面培养自学能力，一方面为新知的学习打好基础。自"导学任务单"活动推广以来，我校学生主动参与学习的比例有了明显提高，90%以上的学生能够进行有效预习，并逐步形成独特的预习方式。

一、导学为媒介　促进学习方式的转变

新课改提出，要注重学生课堂学习的实践性，学生的学习呈现的是自主、合作、探究的形态，而目前的教学过程中真正做到让学生，特别是让小学生实现自主学习的可能性却很小。教师通过观察、反思、研讨之后发现了其中的原因——学生课前准备不足，课堂上的合作学习与自主学习的时间就会大打折扣，造成了课堂上教师赶时间的情况。原本应该留给学生思考、动手实践的机会少之又少，进而形成了知识的简单传输而非主动获取的现状。由此可知，"导学任务单"在整个学习过程中起到了相当重要的作用。

（一）巧借导学，诊断学情

"导学任务单"的出现，既起到总结概括上节课或上个单元学生已经掌握的知识的作用，又能够反馈学生将旧知与实际生活结合的情况，便于教师诊断学情。

在一节英语新授课之前，教师通过"导学任务单"，对上一节课进行归纳总结，为本课的教学扫清障碍。教师出示句型"It is …""It can …""It has …""It likes …"，为学生的表述搭建了语言表达支架。同时，导学案的命题是"画出你喜欢的动物"，而非对课文内容的简单复述，这样，学生就可以根据实际需要，用学过的句式将相关内容进行了整理复习，在基础知识和实践应用两方面都进行了巩固，为复习课的开展打下了良好的基础，

（二）旧知派生，引发新授

与实验稿课标和 2011 版课标相比，新课标最大的亮点是强化育人导向，将核心素养作为课程的统领性目标，并且明确指出核心素养要具有整体性、一致性和阶段性。从系统论的角度讲，只有把对象系统化，用整体的观念开展教育教学，才能更好地发展学生的核心素养。

以数学学科中小数的加减为例，导学案中，教师有意让学生进行整数加减的回顾，但导学案不是单一层面的复习，教师引导学生将小数点对齐，自己试着解决小数加减的题目。通过旧知解决新知，让学生自己摸索出其中的"门道"，也许会有一些困惑，可以将其写入"导学任务单"，这就是在新授课上学生要重点学习的内容。由此而知，"导学任务单"给学生搭建了一个有效的自主学习的支架，在这个支架的帮助下，学生不知不觉地养成了预习的好习惯。

（三）还原生活，学用结合

新课标特别注重知识应用，提倡学习生活化、知识情境化。"导学任务单"在设计上格外注重情境化设计，注重给学生一个真实的生活情境，让学生在真实中发现问题、解决问题，形成较高的综合素质。

在讲授元角分的认识这一内容的时候，教师在"导学任务单"中为学生设计了生活中常见的商场购物的情境，引导学生先在生活中对人民币进行认识和了解。同时，引导学生提前和同学玩玩买东西的小游戏，有了这样对生活的具象化认识，学生在进入新课之后，就会自然而然地将课堂学习与已有的经验实际相联系，新课的讲授就会顺畅很多。

二、"导学任务单"在课堂中的有效应用

"导学任务单"不同于泛泛的预习，它是建立在大单元教学、单元整体教学等教学方式变革的基础上，以适应核心素养统领的课程内容结构化整合，以学习支架的形式为新授课的学习提供帮助，是进一步培养学生自主学习能力、提高学生学习兴趣的有效渠道。下面以语文、数学、英语三科的"导学任务单"为例，介绍其在实践中的有效应用。

（一）精心设计"导学任务单"，为新授课做好铺垫

"导学任务单"的设计需要教师基于大概念的单元教学，聚焦学科主题提取核心概念，既有助于学生理解相关联的内容，也为培养学生的综合素养打牢基础。"导学任务单"并非简单地写写字词、读读教学内容，而是要求教师仔细研究新授课内容与学生已有旧知之间的关联，运用已有能力解决部分课堂内容，为新授课的学习扫清障碍。同时，要求"导学任务单"有一定的生活情境，引导学生在实际生活中解决问题。

1. 语文学科

（1）基础知识自己学，字词段落课前通。对于多数学生而言，新授课之前都可以通过"导学任务单"将课文读通、读好，这样可以在课堂上节省大量都时间，同时也可以培养学生自己学习的能力。因此，在"导学任务单"中，教师对课前读好课文会提出具体对要求，对于不同年级的学生，要求也不一样。对于字词的识记，教师在"导学任务单"的设计中也会根据学生的具体能力给予一定的提示。有了这样的准备，学生在进入新课之后，就会轻而易举地过掉那些可以通过自己能力解决的问题，直接进入授课主题，进而提高了课堂学习的效率。

以部编版一年级下册《荷叶圆圆》这篇课文为例。对于一年级的小学生来说，在经过了一个学期的学习之后，他们已经掌握了一定的识字方法，有些简单的字完全可以在课前自己解决，但是自己解决并不代表着教师完全放手，教师在设计"导学任务单"时采取了"笔顺＋描红"的方式来巩固。这篇课文中"亮"字的笔画比较多，而且笔顺有些复杂，于是教师将这个字的每个笔画依次出示，并让学生提前进行描红，这种方式既符合学生的认知规律，又锻炼了学生自己学习的能力。有效的学习支架降低了学生学习的难度，同时又不过于依赖课堂，效果比较明显。

（2）相关信息查资料，了解背景助学习。语文学习的特点是每一篇课文都与作者的创作背景相关联，要想更好地理解课文，必须了解文章创作的历史背景，尤其对于高年级的学生来说，课前搜集一些作者的生平会有利于他们对文章的理解。"导学任务单"中往往要有这方面内容的设计。

例如，部编版小学语文六年级下册第三单元第九课《那个星期天》，这是史铁生的一篇散文，篇幅比较长，讲了作者在一个星期天等待母亲带他出去玩的经历，描写了作者从充满期待到失望、委屈乃至失望的心理过程，同时也展示了母亲从早到晚操持家务的辛劳。这篇课文读起来并不难，没有难理解的句子，但是如果不联系作者的创作背景，学生很容易偏离作者要表达的主旨。于是，教师在设计"导学任务单"时向学生提出了一个问题：作者写这篇文章就是为了责备母亲说话算数吗？请同学们带着对这个问题的思考了解一下作者的生活背景，看看有什么不同的认识。

再如部编版教材五年级下册《军神》，刘伯承到一家外国诊所做眼睛手术，拒绝使用麻醉剂，赞扬了老一辈无产阶级革命家在严酷的革命斗争中表现出来的钢铁一般的意志。由于年代久远，学生不一定能够理解到这层意思，于是，教师在"导学任务单"中先让学生了解那个年代以及刘伯承的生平，有了感性的认识之后，再去理解课文就水到渠成了。

（3）方法归纳勤尝试，吸收经验学写作。我校设计的"导学任务单"有一个鲜明的特点，就是教师更加注重方法的引导，无论是阅读方法还是写作方法，都提倡学生提前归纳。

以一年级部编版小学语文第二册《荷叶圆圆》为例，这个单元学习的重点是联系生活实际理解词语的意思。于是教师在"导学任务单"中提供了理解词语的几种方法作为学习支架，逐步引导学生感受、应用进而归纳这些方法理解词语，慢慢将方法掌握好。对于"摇篮""停机坪""歌台"三个词语，学生不是太理解，于是教师就在"导学任务单"中引导学生查字典、联系生活实际、换个词语等形式不住学生提前理解，老师所给的三个渠道实际就是理解词语的三种方法，"导学任务单"起到了很好的桥梁作用。

（4）评价标准先公布，有的放矢好执行。评价即是最终的评判，同时也是实施过程的一个方向和标准，只有评价先行，学生才能更好地进行"导学任务单"的学习。因此，教师在设计"导学任务单"的时候一定要把评价提前给到学生。

例如，一位教师在设计"导学任务单"时，将评价的标准列得清清楚楚。

在"我的智慧我分享"栏目，教师的评价从三个方面进行，分别是我能从文中找到自己感兴趣的点，并与同学分享；我能借助他人的帮助收集资料；我能大胆的与同学交流我的收获。评价的项目清晰了，也就明确地告诉了学生应该从哪些方面入手完成好这次导学，学生学习的目标明确了，学习起来自然就有了方向。

2. 数学学科

"导学任务单"在数学学习的过程中起到了至关重要的作用，学生一定不是像一张白纸一样走进课堂的，教师要做一个设计师，设计出最精良的、最有效的、最实用的"导学任务单"，通过一张"导学任务单"，帮助学生承前启后，引发学生知识间的联系，进而实现由旧知到新知的跨越。

（1）在生长点导。教师应充分利用新旧知识间的有机关联来设计课前"导学任务单"，让学生通过对导学问题的探究，对旧知形成复现，也对新知有初步的了解。课标中明确指出："数学教学活动必须建立在学生的认知发展水平和已有的知识经验基础之上。"例如，在学习"2、3、4的乘法口诀"之前，学生已经掌握了5的乘法口诀，对乘法口诀的意义、形式以及结构有了初步的了解，所以整个学习单分为两部分：温故知新——用以检测学生对已学知识的掌握情况；自主学习——课前动手摆一摆三角形和正方形等在生活中常见的图形，能让学生经历数一数、算一算、说一说等数学活动，给学生提供具体的表象支撑，为编制乘法口诀积累经验。

（2）在发展区导。教师应在"导学任务单"中有意识地引导学生观察生活现象与事物，以数学的来感知表象、体会本质，从而抽象出数学概念。例如，在设计确定位置这节课的"导学任务单"时，我们紧扣两个学习目标：在具体情境中学会用"第几排第几个""第几列第几行""第几层第几号"等方式描述物体在平面中的位置；学会用有序数对确定位置。这两个学习目标具有递进的关系。根据这两个学习目标，教师让学生先在"导学任务单"上写下自己在班上自己是"第几组，第几个"，另一种表达也叫"第几列，第几行"，接着把这种表达简化为有序数对的写法。然后，设计两个题目引导学生去发现有序数对中横坐标和纵坐标的表示规则。最后，启发学生自己总结出用有序数对来表示位置的口诀，这样的引导提问由简入繁、由浅入深、循序渐进，有利于学生更好地理解用有序数对表示位置的问题。

（3）在关键处导。小学数学教材例题中有很多的提示句，这些相关提示既是重点，也是教学的关键处，更是解决问题的重要思路，但却常常被学生所忽略。因此，引导学生关注并理解这些摄示句就显得尤为重要。在设计"导学任务单"时，教师可抓住这些提示句，通过设计逐级问题，层层引导学生探索，从而在理解例题的过程中把握数学思想。 例如，教学分数的加法和减法时，可以在导学案上，设计几条预习要求：①观察例题一与例题二，说说它们的共同点；②通过观察图画，说说你都发现了哪些数学信息？③你可以把计算过程完整地写下来吗？④在计算时，分子分母有什么变化？⑤通过解答完上面的例题，想一下分数加减法的含义；⑥预习结束后，你还有哪些疑问？结合导学案进行课前预习，让学生可以通过课前预习的方式，养成良好的预习习惯，让学生通过自主预习，提高自主学习的能力，为构建自主学习课堂奠定了基础。

（4）在拓展域导。教材例题没有出现的题型和算法往往是学生的学习拓展区域，拓展区域是学生掌握知识后的思维提升环节，存在一定的难度。因此，教师有必要设计一些导学问题，让学生利用已掌握的知识来思考、探究、解决问题，并在知识的运用过程中发现知识的提升处，从而"创造出"属于自己的"知识"，并纳入已有的知识网络系统。通过在拓展区域导，引领学生真正走进教材，掌握知识延伸点。例如，在百分数的应用复习课"导学任务单"中，教师首先让学生回忆百分数的定义，然后设计了四个活动，每个活动从文字题过渡到应用题，分别对应百分数的四类常考应用题题型。对于每种题型又设计了学生易错的两类题目让学生对比，最后引导学生归纳每种题型的方法并总结出不同题型之间的联系，构建出百分数的知识网络。

（5）在创新处导。教师在设计"导学任务单"时，要有意识地引导学生从多角度来分析问题、解决问题，培养学生的创新意识，发展学生的创新思维。例如，包装的学问"导学任务单"中，教师让学生温故旧知，求长方体三个面的面积，并给三个面"命名"，充分调动学生已经掌握的知识和经验。

接着，在这个基础上设计三个活动，分别是包两盒、包三盒、包四盒磁带的活动，在包两盒的活动中，设计一个表格和两个问题引出本课的核心问题——重叠的面积越大，拼成的长方体表面积越小，越节约包装纸。利用这一性质让学生马上进入包三盒的情境，并直接说出哪一种包法最节约材料。教师在包四盒的活动中也设计了一个表格引导学生通过自主学习、合作探究去体验不同的包法，逐步教会学生思考问题和解决问题的方法。

3. 英语学科

（1）解决听读扫障碍。听说读写是英语学习的四个重要环节，其中的"听"是基础，所以，在一篇新课开启之前，教师在"导学任务单"中首先要对"听"提出具体的要求。"听"不是泛泛地"听"，有的同学在对待听录音的作业时，潦草地听一下就认为是完成了。为了防止这种无效的"听"，在"导学任务单"中，教师通过评价作为支架，给学生提出具体的"听"的标准，如能够一句一句地听、能够连句成篇地听、能够听得懂、能够边听边跟着读，四个阶梯式的要求一步步将学生引向正确的"听"，这样就使"听"的任务落到实处。

（2）单词识记有方法。每篇课文中一定会出现一些新词，新词的记忆是有技巧的，尤其是高年级的同学，在经过了五六年的英语学习之后，会自己总结出一些记忆单词的方法，如读音识记法、加前缀法、联想记忆法等。"导学任务单"中，教师把本课出现的新单词罗列出来，让学生用自己行之有效的方法去识记，这样自然就"逼迫"学生动脑筋想办法。第二天新授课时，教师只需稍作点拨，单词关就过了，节省出大量的课堂时间。

（3）关联旧知先回顾。在讲授新课之前，教师在"导学任务单"中将旧知提前回顾，有了这样的铺垫，进行新课就会顺畅很多。如英语四年级下册 Module 8 Unit 1 He lives in the east of the US 的"导学任务单"中，教师课前利用微课帮助学生感知方向，了解美国重要城市的地理方位，设计了下面的活动，如图 7-1 所示。

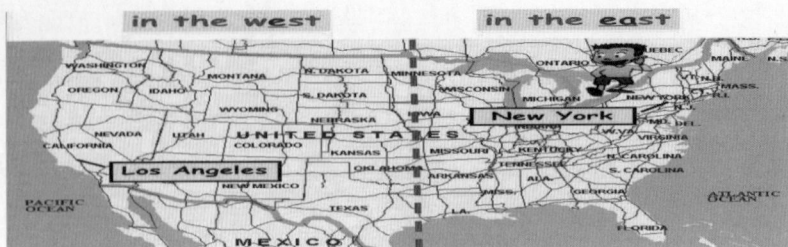

图 7-1　课堂例题

This county is_____. People in the US speak _____.
Daming's cousin Simon lives there.

He lives in New York. It's_____the US. _____ is in the
west of the US.

在夯实了基础知识之后，学生在课前基本掌握了方位的表达，在课堂上，教师有针对性地进行强化与练习，这样就保证了新授课的练习量，课堂效果良好。

图 7-2　"导学任务单"示例

（4）评价体系要跟上。"导学任务单"毕竟是在新授课之前的预习活动，因此评价要有梯度，对不同层次的学生要有不同层级的评价，不可"一刀切"。例如，教师在六年级英语 Module 6 的"导学任务单"的课文听读环节安排了预习任务，并以自我评价的形式将任务的标准呈现给学生，不同的学生可以有不同的标准。

这部分的要求教师做得很细致，读到什么程度可以得一颗星，什么程度可以两颗星，学生努力的方向就很明确了。

（二）"导学任务单"板块设置及设计构想

设计"导学任务单"时应关注学生学习和生活的实际，为学生创设真实的情境，在情境中发现问题、解决问题、提升能力。教师应针对不同知识点，结合各学段学生学习特点和知识水平进行"导学任务单"的设计。

1. 语文学科

（1）第一板块：书声琅琅开新篇。

这一板块主要是让学生提前读通课文，能够对课文有大致的了解，同时培养学生养成朗读的好习惯。例如，一年级下册《荷叶圆圆》的"导学任务单"中，教师这样设计：

【导航台】我给课文标了自然段，我能把课文读正确、流利。

星级评价：

①我能把课文读通顺，标出自然段序号。☆

②我能标出生词新字和不理解的词语，做到流利、有感情地朗读课文。☆☆

③我还能边读边思考，了解本文主要内容。☆☆☆

教师不但给学生布置了清晰的任务，而且把任务完成的标准也给到了学生，学生实施起来很有目标性。

（2）第二板块：认识字词新朋友。

学生在经过了一个阶段的语文学习之后，具有一定的识字能力，教师在"导学任务单"中设计相应的内容，不但让学生记住字词，更是引导学生总结方法，在学习中提升思维能力。

我是用_____（方法）记住的（_____）。

我是用_____（方法）记住的（_____）。

星级评价：

①我能做到注音、书写准确无误。☆

②我还能保证书写美观大方。☆☆

（3）习得表达好方法。

这一板块通过引导学生思考作者的写作方法为学生建立起写作的学习支架。

荷叶圆圆的，绿绿的。苹果_____，_____。

星级评价：

①我能写出通顺正确的句子。☆

②我能保证书写美观大方。☆☆

（4）深入课文来研读。

这一板块引导学生通过自己的预习，借助教师给的学习支架，将课文内容进一步梳理清楚。例如：

美丽的荷叶都吸引来了哪些小动物_____、_____、_____、_____，

他们分别把荷叶当成了_____、_____、_____、_____。

星级评价：

①我能边读边思考，解决问题。☆

②我能用美观大方的字体填写答案。☆☆

2. 数学学科

（1）第一板块：温故知新。

这一板块主要是将相关旧知进行梳理和回顾，为新授课的开启打好基础。例如三年年级下册认识周长的"导学任务单"，教师这样设计：

【导航台】你认为下面的图形有周长吗？请用笔描一描图形的周长吧。

图7-3　课堂例题

星级评价：

①我能大体描出周长。 ☆

②我能完整描出周长。☆☆

三年级的学生通过"导学任务单"中画一画的活动，从感官上理解了周长的意义，这就为新课的学习打好了基础。

（2）第二板块：心中有数。

面对一个崭新的知识，教师引导学生积极思考、大胆猜想，尝试用已有知识解决新问题，调动起学生学习的积极性。还是以三年级下册认识周长为例：

【导航台】预习教材第83页，先观察图片，再尝试思考以下问题：

下面有三个花坛，要想知道每个花坛的周长，我们可以怎么做？你们的想法是……

图7-4 计算花坛周长

方法一：

方法二：

方法三：

我还可以这样做：

我想到了（　　　　　　）个方法，我得到（☆☆☆☆☆）。

（3）第三板块：好问质疑。

鼓励学生大胆质疑，培养学生提问题的能力也是新课标所提倡的，因此，在"导学任务单"中，教师设计质疑环节，就是培养学生独立思考，能问会问的能力。

通过预习，你还有不太明白的地方吗？或者预习完本课后你还能提出哪些有价值的问题？

我的表现真棒！

☆ ☆ ☆

图7-5 "导学任务单"中的质疑环节

3. 英语学科

（1）第一板块：寻宝初探——课文听读。

提前听读是预习的关键，在听读的环节，教师必须把要求细致地告知学生，并以此为标准做好相应评价。教师这样设计：

在预习中我听了录音_____遍，并跟读了课文_____遍。（小提示：在听录音读课文的时候，你可以圈出不会读的单词，通过各种方式掌握它的读音。例如，模仿，询问……）

（评价标准：认真听得一颗星，认真跟读得两颗星，能够全部读下来得三颗星，用红笔涂一涂吧。）

（2）第二板块：寻宝再探——找重点词句。

六年级的学生可以轻轻松松地找出重点词句并进行圈画，这样做的目的也是让学生集中注意力做好"导学任务单"。教师这样设计：

Small Words （课文中有一些重点单词，你知道它们的意思吗？你也可以找出其他有问题的单词，尝试找出它们的音标及意思。）

_____

Big Sentences （课文中的句子你都认识它们吗？如果有不理解的可以把它们写在下面的横线上。）

_____

_____

我的发现 （在预习中你还有没有其他的问题想问问老师或同学。可以尝试用英语来问一问。）

_____

（评价标准：找出重点词句一颗星，找到翻译得两颗星，能够查出音标并读得准得三颗星，用红笔涂一涂吧。）

（3）第三板块：寻宝深探——能力提升。

语言的学习最终要落到实际应用上，包括阅读和写作，因此，在"导学任务单"中，教师加入了一定的阅读量，既能借助阅读提升学生的语言素养，又能够拓宽知识面。教师这样设计"导学任务单"：

你知道下面描述的是哪个节日吗？

1. All of the children love this festival. They have parties on that day. It's a festival for all children. It's ＿＿＿＿＿＿＿＿＿＿＿.

2. It's in winter. This festival is very important to us in China. Families have a big dinner. They eat dumplings. They wear new clothes. They visit friends and relatives. It's ＿＿＿＿＿＿＿＿＿＿.

3. It's in November. They eat turkey and people say "thank you" for their food, family and friends. It's ＿＿＿＿＿＿＿＿.

（4）第四板块：寻宝识趣——知识超市。

语言的学习更是文化的学习。在这个板块中，教师为学生准备了充足的阅读材料，可以是中文的，也可以是英文的，主要是通过这些阅读来拓展与课文相关的知识。教师最后进行了如下设计：

感恩节(Thanksgiving Day)，西方传统节日，是美国人民独创的一个节日，也是美国人合家欢聚的节日。初时感恩节没有固定日期，由美国各州临时决定。直到美国独立后的1863年，林肯总统宣布感恩节为全国性节日。1941年，美国国会正式将每年11月第四个星期四定为感恩节。感恩节假期一般会从星期四持续到星期天。

同学们，你们还知道哪些感恩节的相关知识呢？来给大家介绍一下吧。

第三节　"三单递学"教学法建设
——"合学任务单"驱动下的协作学习

韦伯斯特曾说，人们在一起可以做出单独一个人所不能做出的事业；智慧＋双手＋力量结合在一起，几乎是万能的。这句话道出了合作的重要性。我校在构建"自主的课堂"研究过程中，发现课堂上许多学生不会合作。具体表现在：没有分工，合作过程貌似热闹实则并未就合作内容达成共识；合作参与度不均衡，思维活跃的学生霸占了话语权，反应稍慢的学生就成为沉默的听众。基于此，学校积极开展"合学任务单"的设计研究，以新课程标准为依据，充分尊重学生在课堂中的主体地位，教师作为学生学习的引导者、助力者，积极创建"合学型"学习组织，让"合作之花"开满校园。

一、"合学型"学习组织的建立

新课改理念提出："以探究为主的学习活动是学生学习的主要途径。"因此，让学生合作探究学习成为教师的共同选择。那么如何创建一个团结、高效的合作小组，建立相互信任、善于沟通的"合学型"学习组织，就显得尤为重要。我校的具体做法有以下几个方面。

(一)合理分工，明确职责

（1）安排小组并命名。分组可以根据学生的学习成绩搭配，也可以尝试让学生自由选择。学习小组不是一成不变的，一般每学期要换2~3次。这样做便于弱势的学困生在重新自由组合的小组中增强自信,激发学习积极性。

（2）小组内合理分工。为了提高小组合作学习的有效性，教师给组内成员进行分工，明确任务。1号是组长，负责协调小组成员的学习情况，2号负责发言，3号是记录员，4号是计时员。实行分工轮换制，让每个成员都有当组长的机会，促进学生组织、协调、交际能力的发展。小组合作的目标是每一位成员都有所收获，因此合作时虽然各有分工，但也需要成员间互帮互助，加强合作。尤其要发挥好小组长的作用，当组内意见不统一的时候，小组长要组织成员对记录进行反思,整理好交流成果，安排好交流的汇报方式。有时要充当小老师的角色，帮助、辅导学有困难的同伴。

(二)有效训练，梳理方法

（1）逐组训练。小组合作学习时，教师应先确定一个小组进行课堂展示，作为示范全班观摩。展示过程中，随时指出合作学习的要点，并提出修改意见。再次合作后另找一个小组展示，使学生直观地感受合作的模式，从而学会合作学习的方法。

（2）逐个环节训练。合作学习主要由两大环节组成：组内共研问题、小组协作展示，每个环节都需要教师精心指导。"组内共研"强调每个学生都有任务，有效完成个人职责。协作展示环节是课堂上教师训练的重点，从学生在讲台上的站位、展示汇报的顺序及形式、主持人的确立等，都需要进行训练，让学生熟能生巧，更好地展示小组合作成果。

（三）多样评价，助力合作

将小组集体评价与小组成员个人评价相结合，采用自评、互评、师评的方法来进行。自评，即学生对自己在合作学习中的态度、学习效率等进行评价；互评，即由组内成员对于同伴合作态度、是否有自己独特的想法、是否听从组长的安排进行评价；师评，即教师根据各小组在课堂上的合作情况进行评价，对纪律好、参与度高、分工合理、有创新及表现出色的个人进行表扬。通过评选"最佳合作小组""最佳创新小组""最佳组员""最佳小组发言人"，激励所有成员主动承担责任，使小组内出现互动、互助，强化学生的合作意识，全面提升学生的整体素质。

二、"合学任务单"在课堂教学中的有效应用

我校结合学生年龄特点，以新课程标准为依据，通过"合学任务单"的使用，促使教师探索在小组合作学习中师生角色的转变，协调师生、学生同伴之间的关系。引导学生在小组合作学习中学会合作、学会交流、学会学习，为学生的未来发展提供良好的基点。自小组合作实施以来，学生、合作学习的积极性明显提高，参与面越来越大；交流展示时更加自信，勇于在同学面前发表自己见解。尤其是学习暂时落后的学生在一次次的发言中找回了自信，学优生也在提升自己学习能力的同时，在组内积极发挥自己的优势。下面重点介绍语文、数学、英语三科的"合学任务单"在课堂教学中的有效应用。

（一）精心设计"合学任务单"，有效提高小组合作效率

"合学任务单"设计的问题要紧扣所学知识的重点与难点，问题的设计具有开放性，让学生有学习的方向，又有思维发散的空间。问题设置循序渐进，能激发学生的学习兴趣。教师应该注意，"合学任务单"并非课堂上所有问题的简单汇总，而是学习中需要学生重点探究的内容。根据学生实际情况设置梯度性问题，符合学生身心年龄特点，才能让"合学任务单"收到较好的学习效果。

1. 语文学科

（1）梳理文脉，"读"大意。在课堂初读环节，教师常常要求学生，读准字音，读通课文，并想想课文主要写了什么。大部分学生一提到概括课文主要内容就慌了神：说多了，变成复述课文；说少了，又太笼统。其原因在于教师在教学中疏于指导。长此以往，学生练得倒是不少，但不得法，对课文的概括能力始终没怎么提升。利用"合学任务单"，就能锻炼学生的概括能力。

以部编版四年级上册第六单元《牛和鹅》这篇课文为例。本课要引导学生从不同角度做批注，借助关键词句，体会作者见到鹅和被鹅袭击时的心情，揣摩人物的心情及心理活动。课堂中教师先引导学生学习前两处批注，学生认识了批注，也知道了批注的内容，但还是停留在已知的层面，化知为能需经过反复实践。于是让学生通过合学任务单进行自主批注阅读。

师：同学们，"一千个读者就有一千个哈姆雷特"，不同的人读同样一篇文章会有不同的想法和感受，获得不同的认识和体验。那么你在读这篇文章时产生了哪些想法呢？

出示批注要求：默读课文，尝试从"疑问、写法、语言、感受、启发"等不同角度进行批注。

组织学生交流批注的内容。

汇报句式：

我圈画批注的词句是……

我批注的角度是……

我批注的内容是……

图 7-6　学生交流批注内容引导

通过"合学任务单"，学生可以在合作学习中进一步体悟什么是批注，如何多角度批注，让学生获得更多的感性认识。

（2）纵观全文，"品"优劣。"阅读是学生的个性化行为。"在阅读的过程中，教师要注意学生得到的体验和感悟，鼓励他们敢于提出独特的见解，做出自己的判断。以部编版四年级下册《猫》这篇课文为例，本单元的语文要素是体会作家是如何表达对动物的感情的。教师设计了"合学任务单"，如图7-7所示。

【导航台】同学们，经过合作学习，大家一定找到了最佳答案。把"大猫的可爱之处"以思维导图的方式分享给更多的同学。

成果共发布：

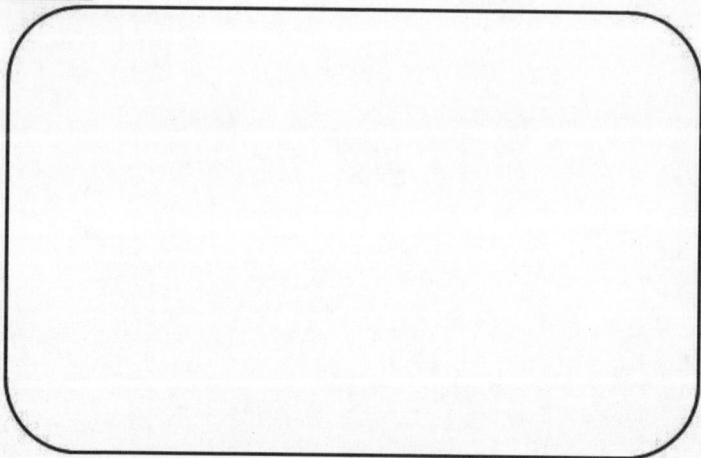

图7-7　合学成果展示台

用思维导图的形式引导学生对文本信息进行捕捉整合、对观点进行思考整理。课堂主角由教师真正转变为学生，学生对文本的理解更加多元，思维的深度和广度明显增强。

（3）着眼写法，"读"特点。阅读教学有两个方向：一种是理解课文的大体意思，对字面意思进行掌握；另一种是掌握文学技巧，探讨写作的方法。理解内容并不是主要目标，语文教材的教学价值在于理解文本的表达形式。

以部编版四年级上册《陀螺》这篇课文为例，本单元的语文要素，包括"学习用批注的方法阅读""通过人物的动作、语言、神态体会人物的心情"。在前面两课学习批注阅读的基础上，《陀螺》一课中的"合学任务"分为三个部分，引导学生在"导学任务单"的基础上读通句子，理解语句、疏通文义，再对课文结构进行把握，进而让学生自主、合作思考课文内容。

为了让学生更好地走进那一个个有趣的故事，感受作者别样的心情，计划在"合学任务单"中开展"奇幻漂流瓶"的自主阅读体验活动。

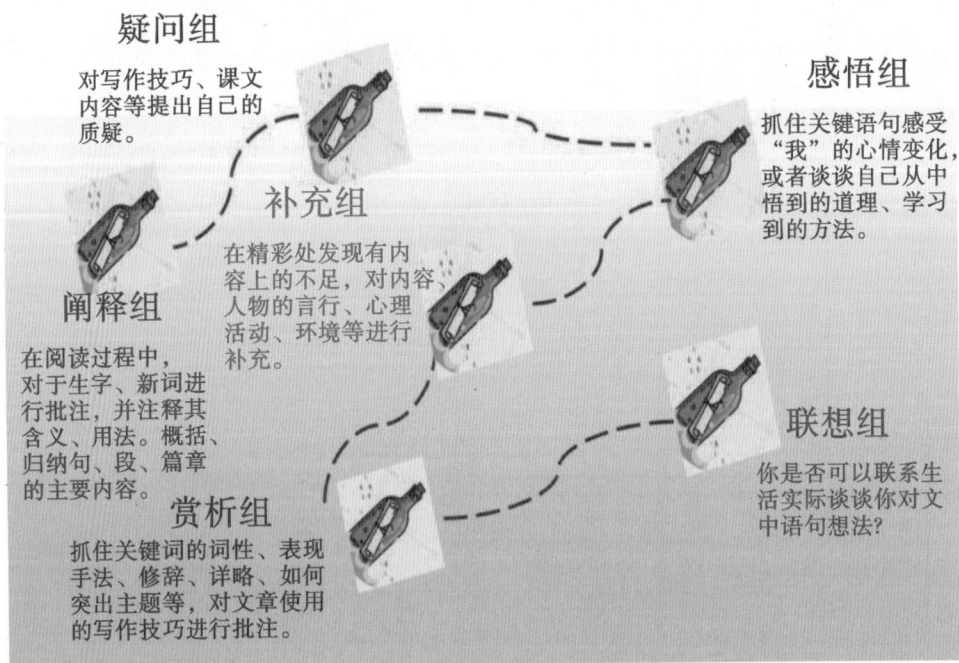

疑问组
对写作技巧、课文内容等提出自己的质疑。

感悟组
抓住关键语句感受"我"的心情变化，或者谈谈自己从中悟到的道理、学习到的方法。

补充组
在精彩处发现有内容上的不足，对内容、人物的言行、心理活动、环境等进行补充。

阐释组
在阅读过程中，对于生字、新词进行批注，并注释其含义、用法。概括、归纳句、段、篇章的主要内容。

联想组
你是否可以联系生活实际谈谈你对文中语句想法?

赏析组
抓住关键词的词性、表现手法、修辞、详略、如何突出主题等，对文章使用的写作技巧进行批注。

图 7-8 "合学任务单"中的"奇幻漂流瓶"任务

将学生分成疑问组、感悟组、阐释组、补充组、赏析组、联想组，以传递漂流瓶的方式在小组内进行汇报传递，既是品读文本，即通过人物的动作、语言、神态体会人物心情，又通过学写批注、交流批注，增进对批注阅读方法的理解。通过小组交流、班级汇报的方式，引导学生经历自学、互学、展学的过程，培养学生自主学习的能力，锻炼他们深度思维能力。在这充满童趣的课堂上随着奇幻的漂流瓶，与学生共同体验思维因阅读而丰盈，阅读因批注而精彩。

（4）评价引导，"展"自信。"合学任务单"不仅仅给学生提供了交流的平台，更是采用了多种形式的评价，让学生依托"合学任务单"中的评价开展有效的阅读学习。如表 7-1 所示。

表 7-1 合作学习评价表

评价项目	评价内容	星级	组长	计时员	记录员	总结报告员
职责履行	合作中明确自己的职责和承担的角色 组长：组织、协调；记录员：汇总记录；计时员：合理把控时间；总结报告员：主要汇报小组学习成果					
参与态度	积极主动与其他组员进行合作互动					
信息接收	在小组讨论时注意倾听其他组员的意见					
归纳思考	善于总结归纳别人的意见					
交流效果	组员认为我在问题解决中提出了最有效的建议，有自己独到的见解					
疑问组	抓住主要内容从不同角度提出问题					
感悟组	结合关键语句按照一定的顺序感受"我"的心情变化，并合作绘制心情图					
阐释组	在阅读过程中，对于生字、新词，进行批注，注释其含义、用法做批注					
补充组	在精彩处发现内容上的不足，对内容、人物的言行、心理活动、环境等进行补充					
赏析组	抓住关键词的词性、表现手法、修辞、详略、如何突出主题等进行批注					
联想组	联系自己的生活实际体会"我"的悟陀螺					
总评	我在组内的贡献值					

自评、同桌互评、组内互评与课堂中师生间的评价相结合，让评价方式多元化，尽可能让学生、教师、文本之间实现对话。

教育家叶圣陶先生曾说：教是为了达到不教，怎样才能达到这个目的，关键在于使学生的学习由被动变为主动。"合学任务单"是开展语文阅读教学的重要方式，是"以学定教"的体现、充分体现了学生的主体性。在小学语文阅读教学中，教师精心制作"合学任务单"，让学生在自主、合作中学习，从而提高语文综合能力。

【导航台】"倾听"是很好的学习方式。倾听别组的发言，可以获得更多解决问题的有用信息。

智慧同分项：请认真倾听其他小组的发言，可以与他们有效的互动，可以做适当的补充。选出你认为对你最有帮助的小组。

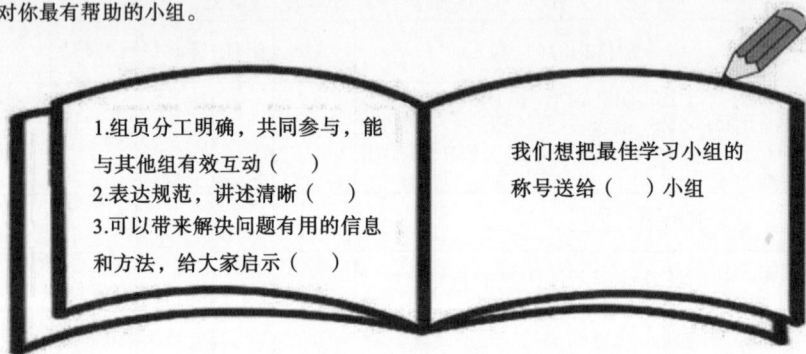

1.组员分工明确，共同参与，能与其他组有效互动（　）
2.表达规范，讲述清晰（　）
3.可以带来解决问题有用的信息和方法，给大家启示（　）

我们想把最佳学习小组的称号送给（　）小组

图 7-9　我做小小评价师

2. 数学学科

"合学任务单"是小学数学合作学习课堂教学中的辅助工具，是教师把教材中所要教授的知识和技能转化为符合学生实际水平并能引导学生自主学习的"导学"材料。小学数学合作学习单给学生留下合作探索的方法与空间，有益于学生学习方式的改变。为了让合作学习开展得有序、有效，有必要让学生明确合作学习任务和合作学习要求、完成任务的方法、评价的标准等，这些都可以借助"合学任务单"这一载体呈现给学生。因此，设计一份科学、合理的学习单是有效实施合作学习的前提。

（1）"合学任务单"对学生合作学习的目的具有导向功能。在数学教学中，解决问题活动的价值不局限于获得具体问题的结论和答案，它的意义更在于让学生学会解决问题，体会每个人都应当有对问题独到的理解，并由此形成解决问题的思路，体会解决问题可以有不同的策略。在这种情况下，小组合作学习不失为一种好的学习方法，同时教师要为学生提供指明学习方向的"合学任务单"。

以青岛版数学二年级毫米、分米的认识一课的"合学任务单"的设计为例，如图 7-10 所示。

同学们，本节课我们要通过合作学习，学生动手测量手的长度，进一步巩固分米的长度，你们做好准备了吗？	
二、小组合作测量手的长度	方法指导
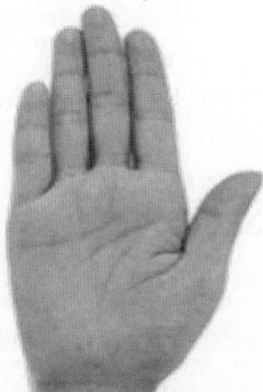	方法1： 纸条：准备好一个窄纸条，将纸条贴在想要测量的手掌的根部，用大拇指压住纸条顶端，拉紧纸条，然后用笔在指间处做上记号，再将纸条平铺，用尺子测量出长度 方法2： 用直尺直接测量，0刻度与手掌根部重合，观察中指指尖所指的刻度，然后读数

图 7-10　毫米、分米的认识"合学任务单"示例

　　这份"合学任务单"大大降低了学生的学习难度，为学生的思考确定了大的方向，但并不限制学生的思维。学生通过思考明确了做此类题目的思路，并通过组内交流集思广益。"合学任务单"解决了学生思维上的困惑，帮助学生逐步掌握测量方法。

　　（2）"合学任务单"对学生合作学习的内容具有高度提炼的作用。以青岛版数学六年级圆柱和圆锥的认识一课为例。这节课的容量较大，如果跟着教师的节奏学习，学生不但学得累而且觉枯燥乏味。圆柱和圆锥在人类生活、社会生产活动中有着广泛的应用，大部分学生都直接或间接接触过这些形状，对圆柱和圆锥有着零散的感性认识。根据这些特点，设计了一份"合学任务单"，如图 7-11 所示。

同学们，本节课我们要通过合作学习，解决"认识圆柱和圆锥"这一问题，你们做好准备了吗？

二、合作探索

● 左边的物体是什么形状的？
这些物体是圆柱形的。
同桌交流一下，圆柱有哪些特征？

● 右边的物体是什么形状的？
这些物体是圆锥形的。
同桌交流一下，圆锥有哪些特征？

方法指导

认识圆柱：
小组合作，根据已知经验，观察圆柱。
通过摸一摸、比一比、看一看，圆柱的面有哪些特征？还有哪些发现？
认识圆锥：
在认识圆柱的基础上，通过摸一摸、比一比、看一看，圆锥有怎样的特征？还有哪些发现？

把你们的发现议一议，记录下来。

图 7-11   圆柱和圆锥的认识"合学任务单"示例

教学前我们要充分了解学生的学情，即学生进行新内容学习的知识根底、生活经验和情感体验等。美国教育心理学家奥苏伯尔说过，影响学习的最重要的因素是学生已经知道了什么，我们应根据学生原有的知识状况进行教学。本"合学任务单"的设计加强了生活和数学的联系，并对生活中的圆锥和圆柱进行了提炼，也是对本节课内容的提炼。

（3）"合学任务单"对学生学习方式具有优化作用。佐藤学在《学校的挑战创立学习共同体》一书中指出："课桌椅面向黑板和讲台排成行，教师以教科书为中心，使用黑板和粉笔进行讲解，教师提问学生作答。"这样的课堂教学组织形式正在悄然发生变化，合作学习成为新课程课堂教学中应用最多、最有效的一种学习方式。而在合作学习中，"合学任务单"的设计与运用可以起到改变学生学习方式的作用。

以青岛版数学五年级圆的周长一课为例，传统的教学方式是以学生的观察和师生的一问一答进行的，整节课以教师的教为主，学生顺着教师的节奏学，不用过多思考。但我们也发现，历次的课堂教学效率都不高，学生在练习中的错误率很高。这不得不引起我们的思考，是什么问题导致这种情况的发生？

其主要原因是学生缺乏自己的思考，这就必须改变学生的学习方式，教师设计"合学任务单"如图 7-12 所示。

同学们,本节课我们将通过小组合作学习"通过测量圆的周长直径，找出周长与直径之间的关系，理解和掌握圆周率的概念"。你们做好准备了吗？	
一、合作学习：周长和直径到底会有怎样的关系呢？我们来测几个圆的周长和直径，研究一下好吗？	准备工作： 1.不同直径的圆片4个。直尺，细绳 2.记录圆的周长表格

测量对象	周长（毫米）	直径（毫米）	关系
圆1			
圆2			
圆3			
圆4			

二、结论

_____

_____

学习步骤：
1.组长分好工，四个圆片每人一个，用细绳和直尺测出圆片的周长和直径
2.组长把每人测得数据统计在表格中
3.带领小组同学交流圆周长与直径的关系？
4.举例验证
5.总结圆周长与直径的关系

图 7-12 圆的周长"合学任务单"示例

合作学习一直在不断完善中，而"合学任务单"的使用可以给学生更多获取知识的方法和渠道，让他们在自主学习和探索中获得丰富的学习经验，从而促使学生学习方式的根本改变。通过设计合理的"合学任务单"组织教学，最大限度地调动数学教师建设教材的积极性，优化课堂教学过程，以到达优化课堂教学效果，进而提高学生的综合能力。

（4）"合学任务单"对学生的评价方式多元化。"合学任务单"中的评价是小组合作学习的指挥棒,能提升学生的合作意识、合作能力与合作精神；能使学生及时了解自己的进步和不足，从而学会学习，学会做事，学会生存；能促进学生不断进步，实现自身价值；能全面提高教学质量和学生的素质。

表7-2　小组学习评价表

组内成员评价表				
评价项目	组长	组员1	组员2	组员3
积极主动测量图形的周长				
在合作中积极发言，不重复别人发言				
在小组讨论中注意倾听其他组员的发言				
善于总结别人的意见，并能说出自己的理解。				
我的贡献值				
组际互评表				
展示与评价	小组展示汇报时声音洪亮（　　　） 小组汇报时表达思路清晰（　　　） 小组汇报的方法能够解决本节课的问题（　　　）		最大的亮点	
通过倾听展示小组的汇报，我认为我的小组可以在（　　　　　　　　　　　　　　）进行改进				

教师的合作意识在教学研究中不断增强，合作正慢慢地渗透到学生学习的方方面面。在近三年的探索与实践中，学生在合作的课堂中互帮互学，逐步学会接纳别人、欣赏别人，学会承担责任，学会与人沟通与分享。特别是教师在课堂中利用"合学任务单"引领学生开展合作学习，以"人人有责"为指导进行小组分工，培养了学生的合作技能和合作意识，生生合作、师生合作、师师合作的文化正在悄然形成。

3. 英语学科

（1）导图指路不糊涂。在小学英语课堂上，应用情境教学法显然更有利于小学生的综合素质发展，教学情境能够更加迅速将学生带入学习氛围中，从而获得更好的学习体验，进而产生英语学习的兴趣。在具体的教学活动中，教师让学生略读课文并开展思维导图设计，依据关键词引导学生思考。

以 Free Talk 环节为例，很多小学生在组织对话练习的过程中，缺乏连续性，这主要是由于学生没有关于对话的内在逻辑，很容易造成思维中断。因此，可以使用"合学任务单"对重点语句进行梳理。

师：同学们，小学的六年学习时光中，你们一定有最好的朋友，请大家进行小组讨论后，为自己的好朋友写一份珍贵的同学录吧！

Step1. 导图指路不糊涂

同学们,我们学习了很多关于祝福的句子,让我们来看一看,要为好朋友写一份同学录可以从哪几个方面入手呢?

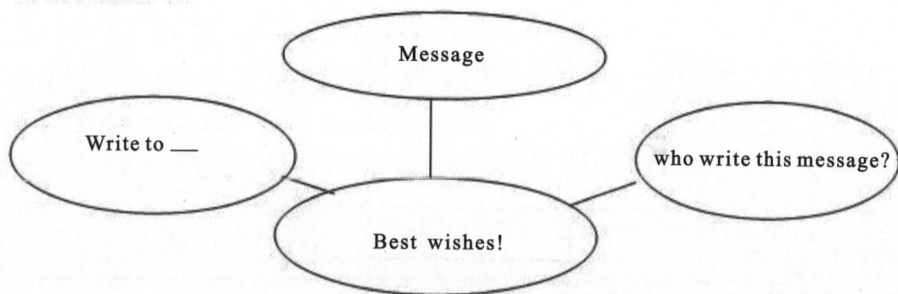

Message

Write to ____

who write this message?

Best wishes!

图 7-13 导图引入

组织学生依据课题内容找出同学录中能使用到的关键词,学生选择了描述对象后,接着教师要求学生进一步细化人物的关键词,beautiful, clever 等。之后,教师继续要求学生以人物的性格特点为例,使用 shy,quiet 等人物性格的形容词,对人物性格做出简单描述。学生在教师的引导下,巧妙地将与人物特点相关的词句结合起来,构建思维导图,逻辑清晰,学生的印象也更加深刻。教师应找准时机对学生进行正面评价,为学生建立使用"合学任务单"辅助英语学习的信心。

(2)合理分工会评价。为了最大程度地提高学生的参与度,合作时组内成员要分工明确,轮流担任不同的角色,如小组讨论的组织者、记录员、资料员、发言代表等,或给每个同学编号,这样便于教师课堂上的操作。一定时间后,角色互换,使每个成员都能得到全方位的体验、锻炼和提高。小组活动时,让每个人充分做到会倾听、会表达、会讨论、会评价。

以新标准版一年级起六年级下册 Module9 Unit1 中的 Period 1《Best wishes！》这篇课文为例,本单元的知识要素是回顾整理有关祝福的话语。

表7-3　组内合作评价表

组内合作评价表					
评价项目	评价内容	Leader	Time keeper & Checker	Writer	Reporter
参与态度	积极主动表达观点，与其他组员进行合作与互动	☺☺☺	☺☺☺	☺☺☺	☺☺☺
履行职责	合作中明确自己的职责并能够尽职	☺☺☺	☺☺☺	☺☺☺	☺☺☺
信息接收	在小组讨论时注意倾听其他组员的意见	☺☺☺	☺☺☺	☺☺☺	☺☺☺
归纳思考	有自己的见解，组员认为我在问题解决中提出了最有效的建议	☺☺☺	☺☺☺	☺☺☺	☺☺☺
总评	我的贡献值	☺☺☺	☺☺☺	☺☺☺	☺☺☺

"合学任务单"中合作环节的设计，也应该科学、恰当地排编小组组员，切实提高小组合作学习的功能性，并使小组合作学习处于有序状态，小组中每一个成员都能尽自己最大努力发挥作用，学生之间也能进行实质的互动合作。

（3）重点难点巧突破。英语课堂教学中，有效提问是教师引导学生抓住课文重点突破难点的重要手段。教师要善于根据教学内容，设计具有广度、深度与梯度的问题，引导学生进行高效的英语合作学习。

新课前会通过课前小调查的形式来划分小组，根据学生的综合成绩、性别等因素，合理分配小组。课中，以教师为主导巧妙的设计小组合作问题，布置具有开放性的问题和任务，调动所有小组成员积极性，各抒己见表达自己的想法，从而展开小组之间的互相探讨和合作交流，进一步提升小组学习的效果。

以新标准版三年级下册 Module 8 Unit1《He works hard》为例，教师可以设计一个 Do a survey 的环节，要求小组内成员合作完成小记者调查的任务，收集小组成员的家庭成员的工作及其他信息。在调查的过程中运用本课的重点句型 What does…do?He/She's a…He/She。最后进行小组汇报并在"合学任务单"上形成书面文字。

表7-4 小记者调查任务表

Name	What does your father/mother do?	How does he/she go to work?
Father		
Mother		

在课堂上通过小组交流活跃课堂学习的氛围，既能调动起学生学习的热情，也能顺利掌握本节课知识重点，从而突破难点。但要注意的是，在布置合作活动的任务时，教师也要注重一定的技巧和方法，把活动的内容和方法巧妙并有重点地告知学生，让学生快速充分理解重点所在。

（4）妙笔生花善表达。"合学任务单"中书写部分的运用既可以体现写作的思路，又可以成为学生写作的依托。应力求做到布局科学合理，设计新颖独特，能突出写作的脉络。教师的设计更要，简明扼要、自然流畅，让学生看得清楚明了，能受到启发，想参与写作活动，能发展思维能力，实现由仿写到创作的过程，充分锻炼英语写作的能力。

教师在教授《Best wishes！》时，通过小组合作，让组内成员在"合学任务单"的辅助下，独立完成英语写话任务，认真分享自己要对好朋友说的祝福语。同时，教师要指导学生积极思考各个英语句式的表达方式，整理英语资源，积累写话经验。

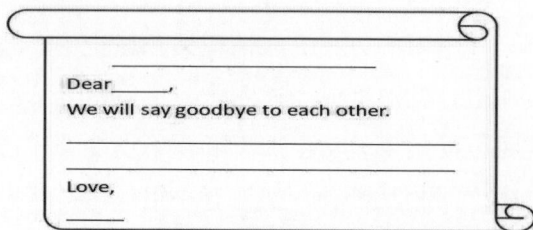

Dear_____,
We will say goodbye to each other.

Love,

图7-14 英语写话任务

值得教师注意的是，即使组内成员面对同一个主题的英语写话任务，学生也有可能产生不同的理解，创作出不同的句子。在这时，就需要通过小组讨论来汲取写作智慧，共同感受分享，体会合作、互帮互助的学习理念。

（5）完成任务妙展示。要以形成性评价与终结性评价相结合的评价方式，通过多种鼓励性语言来保护学生的自尊心、积极性。

以新标准英语一年级起点一年级上册 Module 6 为例。

师：经过合作学习，大家完成了我们的语篇，现在把你们的学习成果分享给更多的同学，大家共同欣赏、共同进步吧。

请认真倾听其他小组的发言，可以与他们进行有效的互动，并做适当的补充。选出你认为对你最有帮助的小组。

今天我们做得怎么样？				
我们小组的名称 _____ 我们的合作内容 _____				
我们的小组成员	NO.1	NO.2	NO.3	NO.4
我能准确找				
我能大声说				
他能说得对				
他能认真听				
小组合作棒				
总评价				

图 7-15　小组展示评价

学生通过小组合作学习的方式进入情境话题讨论中，教师会根据每个组的会话情况发给不用数量的贴纸或卡通图章，最后由老师给各组进行评定等级。这种评价方式可以使整个教学更加流畅，不仅能够改善课堂教学氛围，也可以使学生与学生之间相互带动，如果有小组成员在认为自己发挥失常，可以给他们再次参与评价的机会，学生提供平等的机会，让每一个学生都看到成功的希望，也拥有成功的可能。从而真正做到培养学生学习的主动性，有效提高英语教学的效率，增强课堂教学的趣味性，使学生热爱学习英语，从而实现小学英语教学的目标。

（二）"合学任务单"板块设置及设计构想

设计"合学任务单"时应关注学生学习活动的整体性与各题型之间的相关性。教师应针对不同知识点，结合各学段学生的学习特点和知识水平进行设计。

1. 语文学科

（1）第一板块：问题屋去"淘宝"。这一板块侧重引导学生运用每个单元的阅读方法展开自主阅读学习，留下阅读痕迹。

【导航台】要想深入地了解主人公的爱国之情，需要抓住主要矛盾冲突。我们从"困难"入手，用批注的方法体会人物的品质。

阅读与鉴赏：梅兰芳用了哪些办法拒绝为日本人演戏？在拒绝演戏的过程中又遇到了哪些危险和困难？表现了梅兰芳怎样的精神？

自主来学习：

　　自主合作阅读《梅兰芳蓄须》，根据老师的提示，选择一件你喜欢的事，组成小组。先画下关键语句，写出自己的感悟，在小组内分享你的阅读感受。

原因	困难和危险

总结：梅兰芳是一个（　　　　　　　　　　　　　　）的人。

图7-16　问题屋去"淘宝"

（2）第二板块：合学伙伴对对碰。这一板块启发引导小组成员根据合作学习任务，以"合作学习评价表"为依托，交流阅读感悟。

（3）第三板块：合学成果展示台。这一板块由小组合作学习，成果以不同的形式进行发布。

【导航台】阅读以下评价单，明确自己在合学中的职责任务，大家共同解决问题。

合作共解疑：小组成员根据自己找到的文中相应的句子，交流自己的阅读感悟。交流时间10分钟。

合作学习评价表

评价项目	评价内容	星级	组长	计时员	记录员	总结报告员
职责履行	合作中明确自己的职责和承担的角色 组长：组织、协调；记录员：汇总记录；计时员：合理把控时间；总结报告员：主要汇报小组学习成果	☆				
参与态度	积极主动与其他组员进行合作互动	☆				
信息接收	在小组讨论时注意倾听其他组员的意见	☆				
归纳思考	善于总结归纳别人的意见	☆				
交流效果	组员认为我在问题解决中提出了最有效的建议，有自己独到的见解	☆				
总评	我在组内贡献值	☆				

图 7-17　合学伙伴对对碰

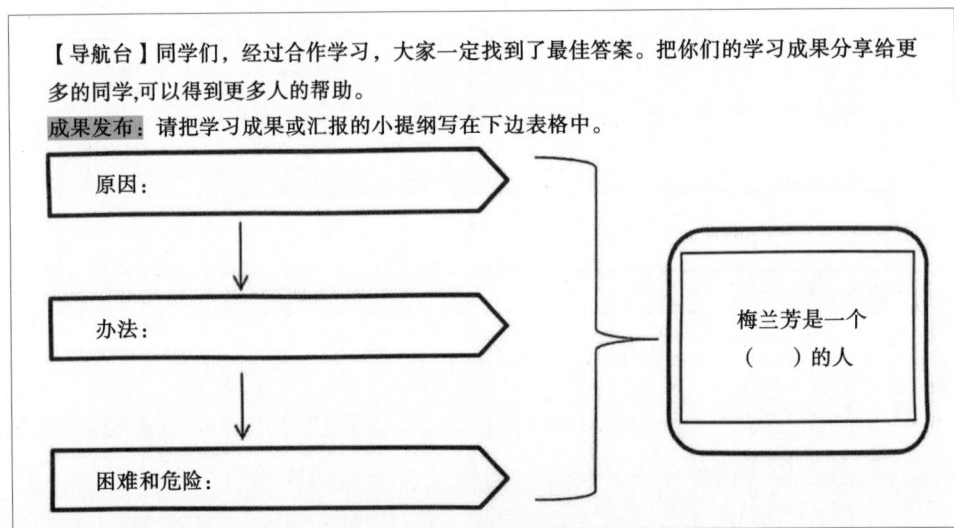

【导航台】同学们，经过合作学习，大家一定找到了最佳答案。把你们的学习成果分享给更多的同学，可以得到更多人的帮助。

成果发布：请把学习成果或汇报的小提纲写在下边表格中。

原因：

办法：

困难和危险：

梅兰芳是一个
（　　）的人

图 7-18　合学成果展示台

（4）第四板块：我做小小评价师。这一板块引导学生通过倾听其他小组同学的发言，与汇报小组有效互动、选出对自己最有帮助的小组，达成生生互动，共同成长的最终目标。

【导航台】"倾听"是很好的学习方式。倾听别组的发言,可以获得更多解决问题的有用信息。

智慧同分享:请认真倾听其他小组的发言,可以与他们进行有效的互动并做适当的补充。选出你认为对你最有帮助的小组。

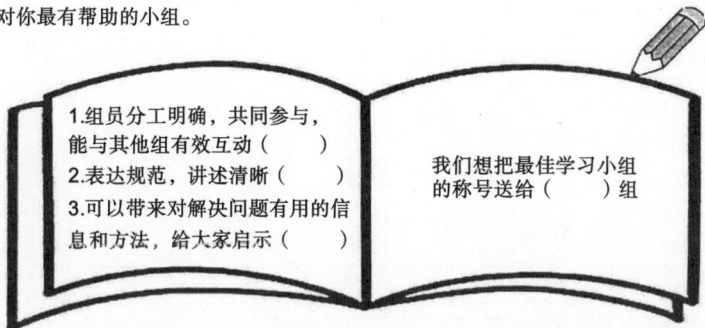

1.组员分工明确,共同参与,能与其他组有效互动( )

2.表达规范,讲述清晰( )

3.可以带来对解决问题有用的信息和方法,给大家启示( )

我们想把最佳学习小组的称号送给( )组

图 7-19 我做小小评价师

2. 数学学科

(1)第一板块:合作学习,解决问题。教师根据本课学习内容,提出合作学习的任务及方法的指导,小组成员根据"合学任务单"进行学习。

以青岛版数学三年级认识面积一课为例,教师根据本课学习的重难点,设计了"利用手中的工具,比一比图形面积的大小"的合作学习内容。

同学们,本节课我们要通过合作学习,解决以下问题:"理解和掌握面积的概念,会用不同的方法比较图形面积的大小。"你们做好准备了吗?

二、利用手中的工具,比一比图形面积的大小

	方法指导
餐厅 厨房	方法1:将图形剪下来,用重叠的方法比较面积的大小 方法2:使用学具摆一摆,比较图形面积的大小 方法3:使用面积为"1平方厘米"的小正方形摆一摆来比较图形面积的大小

图 7-20 认识面积合作学习内容

（2）第二板块：多元评价，共同成长。评价内容分为组内成员评价和组际互评。首先，小组成员根据本组成员的发言进行评价；其次，通过倾听，对其他小组的发言进行评价；最后，提出自己小组改进的地方。通过多元性评价，达到生生互动、共同成长的目的。

表7-5 小组学习评价表

组内成员评价表				
评价项目	组长	组员1	组员2	组员3
积极主动动手操作				
在合作中积极发言，不重复别人发言				
在小组讨论中注意倾听其他组员的发言				
善于总结别人的意见，并能说出自己的理解。				
我的贡献值				
组际互评表				
学习任务 展示与评价	效果 小组展示汇报时声音洪亮（ ） 小组汇报时表达思路清晰（ ） 小组汇报的方法能够解决本节课的问题（ ）		最大的亮点	
通过倾听展示小组的汇报，我认为我的小组可以在（ ）进行改进				

3. 英语学科

（1）第一板块：导图指路不糊涂。这一板块引导学生设计思维导图，并运用思维导图展开每个模块主要话题的自主学习，依据关键词引导学生思考，如图7-21所示。

（2）第二板块：合理分工巧搭档。小组成员根据合作学习任务，以"合作学习评价表"为依托，发挥组内每位成员的作用，进行实质性的互动合作。

（3）第三板块：妙笔生花善表达。"合学任务单"中书写部分的运用体现学生的写作思路，锻炼学生的写作能力，此处设计了小组合作的内容。

（4）第四板块：完成任务妙展示。小组通过合作学习，将成果以不同形式进行发布。

同学们，我们学习了西方的传统节日感恩节，让我们来看一看，了解一个节日时我们可以从哪几个方面入手呢?

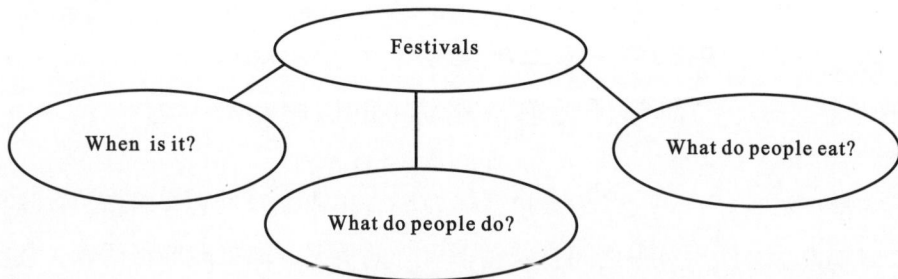

图 7-21 导图引入

同学们，经过合作学习，大家完成了我们的语篇，现在把你们的学习成果分享给更多的同学，大家共同欣赏，共同进步吧。

智慧同分享：请认真倾听其他小组的发言，可以与他们进行有效的互动，也可以做适当的补充。选出你认为对你最有帮助的小组

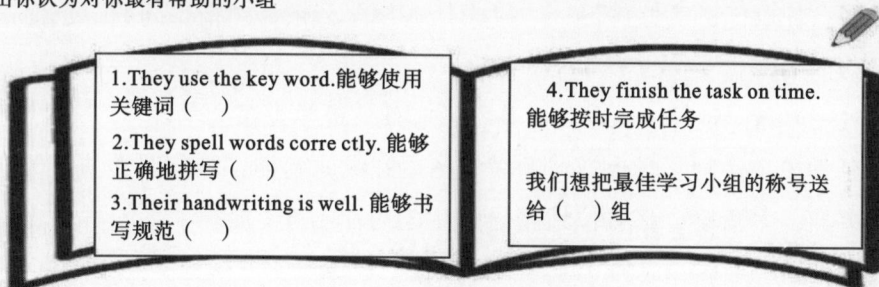

图 7-22 小组评价内容

第四节 "三单递学"教学法建设
——"延学任务单"驱动下的应用拓展学习

《学记》有云："大学之教也，时教必有正业，退息必有居学。"这体现了课堂教学和课后练习之间有着密不可分的关系，如果能够将两者，便能真正促进学生的身心健康发展，达到"学是为了用"的效果。我校在构建"自主的课堂"研究过程中，发现课后学生不会巩固复习，导致课堂所学的知识被遗忘或者混淆，新学习的知识不能够完全被内化和识记。基于此，学校根据学生的课堂学习情况，以新课程标准为依据，立足于学情和大单元全景集备任务，建立问题关联，设计"延学任务单"，依托"衍生问题"，促进学生迁移运用，让学生的学习有质有效。

（一）精心设计"延学任务单"，有效促进学生深度学习

延学单关注到了学生学习的横向拓展和纵向延伸，瞄准课堂的延伸点，尊重差异，多角度、多方位地指导学生学习，有利于提高学生的学习能力，拓展学生的思维，养成独立思考的好习惯，让深度学习落到实处。

1. 语文学科

结合语文课堂教学，我们从以下几个方面对"延学任务单"进行探究和设计，通过应用和拓展，促进学生思维和能力的发展。

（1）文学阅读类"延学任务单"，温故而知新。在构建"自主的课堂"的教学研究过程中，我们发现课后学生不会巩固复习或者不能迁移运用课上所学，导致课堂所学的知识产生遗忘或者混淆。

以三年级上册语文第七单元《大自然的声音》这篇课文为例，设计了这样的"延学任务单"，如图 7-23 所示。

【导航台】本课我们学习比喻、排比等修辞手法，以及拟声词感受大自然声音的美妙，学习把握文章的主要内容，让我们一起来回顾一下吧！

【成长阶梯一】感受语言，回顾方法。本课中你喜欢谁的声音，为什么？请根据倾听小锦囊来展示一下吧！

倾听小锦囊		
发现句子，倾听声音	习得手法 明晰特点	知晓内容 感觉美妙
风，是大自然的音乐家	比喻	

图 7-23　文学阅读类"延学任务单"

"延学任务单"要引导学生自主迁移，将课堂上学到的知识进行消化、吸收和转化。这个延伸性学习任务让学生在自己喜欢的语句中，再一次感受到了大自然风声、水声、动物的歌声美妙乐章。教师对作品进行展示，学生互相欣赏评价，在感受优美语言的同时体验到收获的乐趣。

（2）创意表达类"延学任务单"的灵活迁移运用。建构主义理论强调，学生不是空着脑袋走进教室的，而是在已有的生活经验上去建构新的知识。书本只是教学的载体和工具，而不是最终的目的，学语文最终是为了让学生更好地走进生活，解决生活中的问题。因此，立足学生的生活实际，将课内所学和课外生活实践联系起来，让学生能够在真实的生活中迁移、运用和创新。

以第七单元《大自然的声音》这篇课文为例，设计了"创意表达类延学任务单"，如图 7-24 所示。

为了更好地将课堂学到的知识内化成自己的观点和方法，通过小练笔，促使学生学以致用，帮助学生留心生活，感受大自然的美妙声音，并用文字表现出来。以此体现语文的工具性，提高学生的习作水平和创意表达能力。让学生学习评价标准，是为了让他们清楚什么样的表达才是好的表达，学生可以根据自身情况，选择自己能达到的目标。在学生展示完之后，教师和学生一起给予发言者相对应的星级，从而进一步落实新课标准中语文学科的核心素养，提高学生的想象力和创作力。

【导航台】生活中到处都有美妙的声音，请耐心聆听，用你的智慧捕捉并记录下来吧！
【成长阶梯二】深入浅出，感觉"动物"声音的快乐
生活中到处都有美妙的声间，联系之前学过的课文和生活实际，想想哪些动物的声音让你觉得像音乐一样美妙呢？试着以"鸟儿是大自然的歌手"为题说说吧！

自然好声音"最佳创作者"	
评价标准	总得星（　）
描述声音时可以用上"不一样……不一样……"句式	★
可以用上生动的拟声词	★
可以用上拟人、比喻等修辞方法	★

鸟儿是大自然的歌手，不一样的 ＿＿＿＿＿ 有不一样的＿＿＿＿＿。

走进 ＿＿＿＿＿＿＿，会听到 ＿＿＿＿＿＿＿＿＿＿＿＿＿。

＿＿＿＿＿＿＿＿＿，会听到 ＿＿＿＿＿＿＿＿＿＿＿＿。

＿＿＿＿＿＿＿＿＿＿＿＿＿＿＿＿＿＿＿＿＿＿＿＿＿。

图 7-24　创意表达美"延学任务单"

2. 数学学科

结合数学课堂教学，我们试着从以下几个方面设计"延学任务单"，通过应用和拓展，促进学生思维和能力的发展。

（1）操作类"延学任务单"，激发学生"玩数学"的兴趣。

爱动是学生的天性。在"做中学"理念的倡导下，小学阶段教师要根据学生的年龄特点，引导学生在动手操作中开展延伸性学习，从而激发学生课后自主学习的热度，变"苦学"为"乐学"。

以"轴对称图形"这一内容为例，教师设计了这样的"延学任务单"，如图 7-25 所示。

这个延伸性学习任务，让学生在动手操作的活动中再一次感受到了轴对称图形特征。教师对作品进行展示，学生互相欣赏评价，在感受图形美的同时体验到成功的喜悦。

六年级学生学习了"升和毫升"的内容之后，教师让学生想办法寻找或制作一个能容纳 1 升水的容器，并利用这一容器估一估量一量脸盆、电饭锅、电水壶、浴缸的容量是多少；或者找几个杯子，装上不同量的水，做成一副杯琴，用筷子敲出美妙的乐曲。这份"延学任务单"，既有操作，又有体验，

让学生感受到原来数学是这么好玩。

第一级：动力加油站

【导航台】通过本节课的学习，同学们已经和"轴对称图形"交上了朋友，感觉到了轴对称图形与众不同的美。在我们的生活中也有很多美丽的轴对称图形，如剪纸、中国京剧脸谱、窗花。你们能利用剪纸、拼图或画画的方法，用自己喜欢的"轴对称图形"制作出美丽的花边吗？折一折，剪一剪、比一比，谁的作品最有特色。

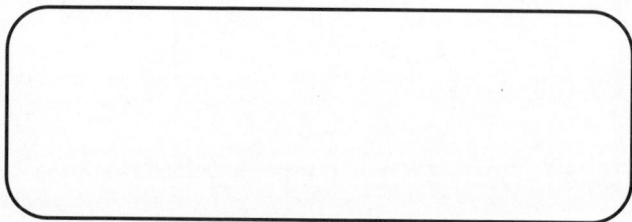

图 7–25　操作类"延学任务单"示例

"操作类"延伸性学习，让学生体验到动手"玩数学"的快乐。在做一做、玩一玩的活动中调动了学生多种感官，激发了学生对数学学习的兴趣，改变了学生被动学习的消极状态，使学生学得更有趣、更主动。

（2）实践类"延学任务单"，帮助学生"悟"数学。

生本教育背景下的教学要引导学生跳出课本走到现实生活中去，将课外实践与课堂学习有效结合起来。因此，延伸性学习要以生活为依托，让学生在亲身经历中加深对知识的理解、感悟与体验。

以"认识千米"这一内容为例，教师在"延学任务单"中设计了相关题目，如图 7–26 所示。

解读教材后我们知道，千米不像之前所学的其他长度单位可以直接看得见。所以在课后的延伸性学习中，教师通过多种实践活动帮助学生亲身体会一千米到底有多长，从而加深对千米的感悟。

像这样的实践调查类作业，是有效将课堂学习和课外实践结合起来的一个桥梁。学生在"延学任务单"的推动下，开展实践活动，有利于学生体验、感悟数学。

第二级：知识演练场

【导航台】操作和实践能很快的提升学习效果，通过本节课的学习大家了解了千米的知识，在生活中一千米到底有多长呢？让我们亲身感觉一下吧！

活动1：下课时间沿着100米长的跑道走一走，数数走了多少步，看看大约用了多长时间。照这样计算走一千米大约有多少步？要用多长时间？

活动2：从学样门口出发到什么地方大约是一千米？从自己家出发到什么地方大约是一千米？

活动3：了解每种交通工具（如自行车、摩托车汽车、磁悬浮列车飞机）的时速。

图 7-26 实践类"延学任务单"

（3）探究类"延学任务单"。促进学生"研"数学。我国著名教育家陶行知曾说过："教是为了不教。"因此，在教学中，教师要注意把握知识间的内在联系。在课外，教师要创设条件，让学生自主将课中的学习方法运用到课后的研究中去，如图 7-27 所示。

第三级：几何游乐园

【导航台】进入几何游乐园，小教教们遇到了难题，这里的图形不那么规则，而且没有告诉我们每条边的长度，无法用公式计算周长。测量物体的周长还有很多方法，除了课堂上讨论过的方法，我们还可以利用知识迁移，你能用之前学过的方法来帮他们画一画、算一算不规则图形的周长吗？

1."平移大法"——用平移的办法转换成新的图形，推算出图形的周长

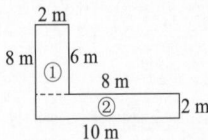

2 m
8 m ①
6 m
8 m
② 2 m
10 m

能使用平移方法推算出周长，得到一颗 ☆

2."变曲为直"——借助棉线，测量出不规则图形的周长

能够理解"化曲为直"的思想，并会运用，形成几何直观的数学素养。☆

图 7-27 探究类"延学任务单"

如在学习面积的周长时，教师指导学生利用知识迁移法，用之前学过的方法来画一画、算一算不规则图形的周长。在这里教师给学生提出了"平移法"和"化曲为直"的数学思想，让他们进一步理解图形周长的意义，这也是课堂知识的延伸，是探索活动的延续。学生在课后兴致勃勃地开展探究活动，学无止境，令人欣喜。

（4）文化类"延学任务单"，引导学生"读"数学。作为人类文化的重要组成部分数学凝聚着一代代人智慧的结晶。课堂走向文化，是课堂延伸的一个重要方向。教师向学生展现数学所凝聚的文化，能够使学生形成正确的数学观，感受到数学的博大精深，领略人类的文明与智慧。

教学图形的面积时，"延学任务单"上提出了"如何计算出不规则图形的面积"这一问题，同时给学生提供了古代数学家对于此类计算的研究结果，如图 7-28 所示。

```
第三级：几何游乐园
```

【导航台】进入几何游乐园，小敦敦们遇到了难题，这里的图形不那么规则，而且没有告诉我们每条边的长度，无法用公式计算面积。测量物体的周长还有很多方法，除了课堂上讨论过的方法，我们还可以利用知识迁移，你们能用之前学过的方法来帮他们数一数、算一算不规则图形的周长吗？

　　割补术——"以盈补虚"

古代数学家刘徽的割补术解决了一个又一个数学难题。割补术的原理是"出入相补"：一个平面图形由一处移到他处，面积不变，或者一个图形分割成若干块，各个图形的面积之和等于原图形。

图 7-28　文化类"延学任务单"

学生通过了解割补术——"以盈补虚"的方法，将一个平面图形由一处移到他处，面积不变；或者一个图形分割成若干块，各个图形的面积之和等于原图形。通过自主探究，计算出不规则图形的面积。在课外延伸中学生寻找到了数学文化与课内知识的对接，感受到了数学与文化交相辉映的魅力。课堂向文化有效拓展，开阔了学生的视野，沉淀了学生的内在涵养。

（5）开放类"延学任务单"，提升学生"用"数学。传统作业往往是课内例题的简单重复，这样的作业不利于学生数学思维能力的培养。以学为本的延伸性学习应该突出开放性和探究性，所以教师在设计延伸作业时应该把步伐迈得大一些，设计一些开放性的习题，让更多的学生"跳一跳"去摘果子，这样有利于拓展和延伸学生的解题思路，有利于训练学生的发散性思维和创造性思维。延伸学习只有走向开放，才能有效挖掘文本的深度，让学生学得更加深刻。

以"长方形、正方形的周长和面积"为例，教师设计了这样的探究题，如图 7-29 所示。

第四级：知识演练场

【导航台】操作与应用能很快提升学习效果，你能用本节课学到的知识，解决以下问题吗？

（1）用一根24厘米长的铁丝，围成几个不同的边长为整厘米数的长方形和正方形，它们的周长一样吗？它们面积怎样？分别填在下面的表格里。

长					
宽					
周长					

根据以上的表格，我发现的规律是 _____。

（2）用12个边长是1厘米的小正方形摆成一个大长方形，可以怎么摆？这个长方形的长可能是几厘米？宽可能是几厘米？怎样摆长方形的周长是最长的？

图 7-29　开放类"延学任务单"

这样开放的"延学任务单"，不仅培养了学生探究的主动性，而且培养了学生思维的全面性、灵活性，甚至锻炼了学生求异、发散、集中等创造性思维能力。开放性的学习单让更多有能力的学生能"吃饱""吃好"，充分施展自己的才能，享受到成功的快乐。

综上所述，有效的"延学任务单"突破了课堂教学有限时间和空间的限制，让学生带着研究意识走出课堂，带着思考走向课外，促进了学生的可持续发展。因此教师要充分发挥自己的教学智慧整合优质的学习资源，设计合理、富有个性的"延学任务单"，将课堂有效延伸，引领学生走得更高、更远。

3. 英语学科

"延学任务单"是小学英语课后个性化学习中的辅助工具，采用针对性强的、具有真实目标的、实践性强的真实任务和精准的评价方式推动课后学习从机械、低效走向灵动、高效，从而促进学生英语核心素养的发展。

（1）温故明学巧归纳。"延学任务单"可以引导学生归纳、总结学习收获与方法，并进行迁移运用。学生可以采用思维导图的形式将所学知识归纳出来，以此理清学科主干知识体系。例如，在学习新标准英语六年级上册 Module 6 I've got some Chinese chopsticks 时，学生在课堂学习了描述一个节日需要从时间、行为、习俗等方面出发后，使用"延学任务单"对这个知识点进行回顾总结。

Step1：温故明学

同学们，还记得我们总结的介绍节日需要从哪几个方面进行吗？来写一写吧。

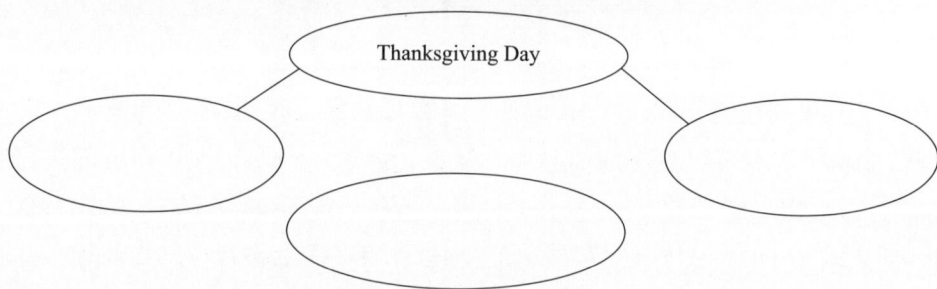

Thanksgiving Day

图 7-30 思维导图

学生在思维导图的指导下，自主归纳出介绍节日需要的几个方面：When is it？ What do people do? What do people eat? 学生通过完成思维导图，所学知识在头脑中结构化，深化了本课的知识点。从生活的角度出发，将所学的知识与学生熟悉的生活元素进行结合，让学生分析、解析生活事例，探寻其中的英语知识，提高了学生学习英语的兴趣，也对相关的知识点形成了清晰的理解。

（2）知新趣学巧运用。"延学任务单"的任务设计要注意与"导学任务单""合学任务单"相衔接，设计时注重习题的梯度，并根据学生实际情况进行分层设计，基础题、经典题、变式题、创新题，供不同层次的学生选择，做到"量体裁衣""因材施教",尊重学生个性化差异,保证质量而非求数量。

以新标准英语五年级 Module 5 Unit 1 Your bag is broken 一课为例,课堂上学习了如何与售货员沟通,根据不同的购买需求选择合适的物品后,"延学任务单"做了如下设计,如图 7-31 所示。

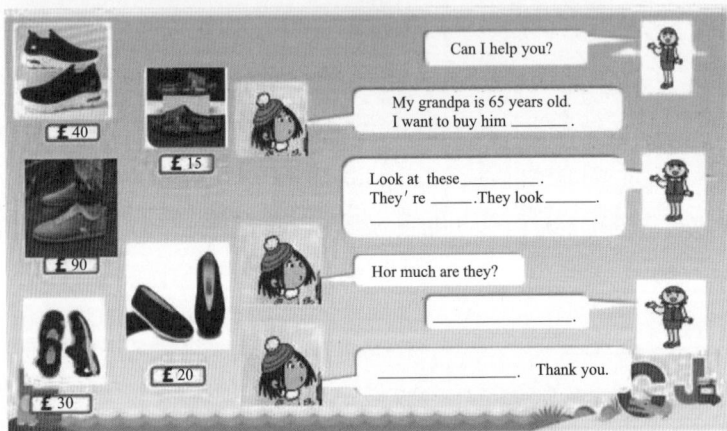

图 7-31　Your bag is broken "延学任务单"示例

学生根据已经提供的文本框架了解购买信息,是为一位 65 岁老人购买合适的鞋子,在可供选择的商品中,从颜色、价钱、实用性等多方面进行考虑,然后将课堂所学重点词汇和语句进行灵活运用,创编一个新的购物对话。这个练习题以生活经验为依托,将课堂学习与生活实践有效结合起来,让学生在真实的情境中加深对知识的理解、感悟、体验。

(3)新旧融合巧拓展。课本教材是教师设计课后拓展任务的主要依据和主要参考,但是课本教材中能够呈现的英语知识内容是有限的。教师在设计"延学任务单"时,要适度地进行延展,让学生可以接触到更加多元化的英语知识。以新标准英语六年级上册 Module 6　Important Festivals 为例,学习了如何描述一个国外的节日后,在"延学任务单"中可以设计一个介绍中国节日的任务。

任务一是让学生根据生活体验,在任务单上勾画、补充自己在春节期间喜欢和常做的庆祝活动。学生在此活动中对表示中国传统节日的词汇进行了补充拓展学习。任务二是让学生将任务一中勾画、补充的短语,按庆祝的时间填写在树状思维图中,培养学生利用思维导图系统化整理知识的技能。任务三是让学生借助树状思维图,配合自己的春节照片,用核心语言结构有逻辑地描述、交流自己喜欢和常做的春节庆祝活动,分享自己过春节的感受,进而形成语篇。

Task Paper

Step1:Choose the activities you do at the Spring Festival.

Word Bank:

Before the festival:	On lunar Ner Year's Eve:	On lunar New Year's Day:	During the festival:
□ chean house	□ have a big,special	□ wear new clothes	□ eat sweet
□ go shopping	dinner	□ visit relatives and	dumplings
□ get haircut	□ watch New Year's Gala	friends	□ watch the gala
□ buy decorations	□ Set off firecrackers	□ get lucky money	□ see films
□ buy new chothes	□ make dumplings	□ send cards	□ travel
□ buy flowers	□ watch fireworks	□ give presents	□ play games
□ buy food	□ tell stories	□ say Happy New Year	□ go skiing
□ put lanterns at home	□ _____	□ send messages	□ _____
□ stick spring couplets	□ _____	□ _____	
□ _____		□ _____	
□ _____			

Step1:Finish the thinking map about your Spring Festival.

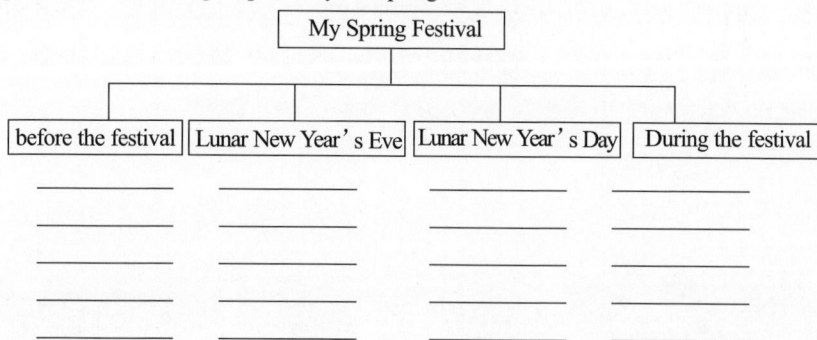

Step3:Talk about your Spring Festival in group.

The Spring Festival is an important traditional festival in China.
Before the festival,I…
On Lunar New Year's Eve,I…
On Lunar New Year's Day,I…
During the festival,I…

图 7-32 "延学任务单"新旧知识融合运用

145

叶圣陶先生说："凡是一种能力或者习惯，不靠学习者自己运用心力去实践，去尝试，是无论怎样也难以养成的。"因此，让学生亲历过程，是"延学任务单"设计的重要理念。好的任务单设计是把学习的过程还给学生，问题让学生发现，知识让学生习得，规律让学生探索，过程让学生经历，感受让学生体验，方法让学生总结，结论让学生归纳，从而主动达成学习目标。

（二）"延学任务单"板块设置及设计构想

"延学任务单"设计时应关注学生学习活动的整体性与各题型之间的相关性。教师应针对不同的知识点，结合各学段学生学习特点和知识水平进行设计。

1. 语文学科

我们以下面的活动设计为例，具体说明"延学任务单"在阅读拓展中发挥的作用及设计构想。

活动一 看图猜寓言

图中的寓言故事均来自语文园地"日积月累"，这里不仅仅把它定位为学生加强记忆的学习内容，还把它作为学生课外阅读拓展的内容，而学会"仔细观察，讲清图画内容"也是本单元写作的一个要求，可谓"一举多得"。这些故事大多耳熟能详，一看便知，让学生来讲讲故事、说说道理，能更好地调动学生原有的知识积累，激发学习和阅读的兴趣。

（1）看图猜寓言。

（ 　　　　 ） （ 　　　　　 ） （ 　　　　　 ）

（　　　　） （　　　　） （　　　　）

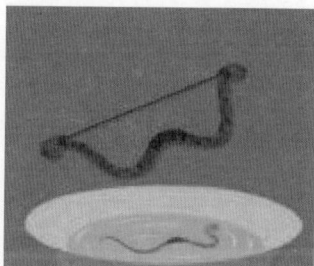  

（　　　　） （　　　　） （　　　　）

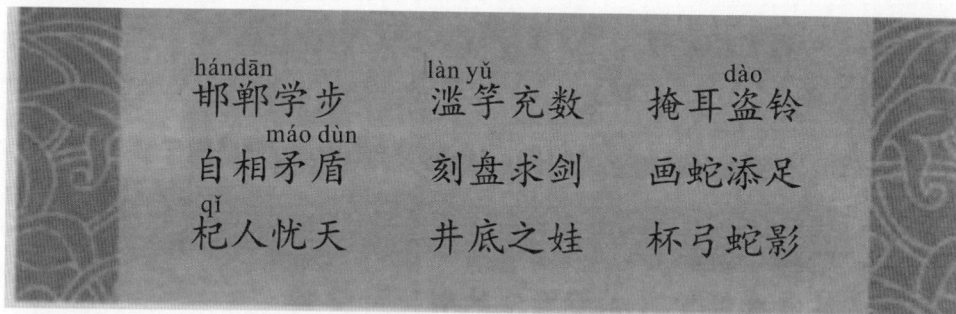

图7-33 看图猜寓言

（2）你能说说和这些成语有关的寓言故事吗？

①学生个别说，老师随时补充。

②创建故事小链接，剩下的故事学生可以点击故事链接，自主观看。

③交流分享自己明白的道理。

活动二　这里的故事一箩筐

鼓励学生用学过的阅读寓言的方法，去阅读更多的故事，明白更多做人做事的道理。阅读时，会读目录、会读故事内容、会制订阅读计划，做好阅读记录。学会感受与分享阅读的快乐，一同去探究发现寓言世界里的秘密，进一步培养课外阅读的兴趣，养成良好的读书习惯。

（1）推荐阅读。

①读背"日积月累"中的成语。

②出示《中国古代寓言》目录（对应上面的成语）并介绍，这本书中还有很多我国古代的寓言故事。

③出示《伊索寓言》《克雷洛夫寓言》，引出国外寓言故事，激发学生阅读的兴趣。

④说说自己眼中的寓言，出示"交流平台"中相关内容，充实认知。

（2）回顾本单元寓言故事，再次梳理总结阅读寓言的方法，如表7-6所示。

表7-6　方法总结表

题目	故事内容	蕴含的道理	联系实际生活中的人和事
《守株待兔》			
《陶罐和铁罐》			
《鹿角和鹿腿》			
《池子与河流》			

（3）看目录，读更多的故事。浏览《中国古代寓言》《伊索寓言》《克雷洛夫寓言》三本书的目录，找找自己喜欢或熟悉的小故事。

（4）认真阅读自己喜欢的寓言故事。读故事，制作故事卡片：我喜欢的寓言故事、故事内容、我最喜爱的故事片段、我的收获……

（5）共享阅读：分享自己喜欢的故事。选择自己喜欢的方式来分享喜欢的故事。可以讲故事，可以与同伴一起来表演故事，可以聊收获……

（6）我阅读，我推荐。

①推荐最想阅读的一本寓言书，为这本书画一画腰封。（相关书籍的介绍、名家评价或影响力。）

②展示自己制订的阅读计划表。

（7）拓展挑战：发现中外寓言的异同点。

（8）开展"小故事 大道理"班级故事会。

分享阶段性阅读的快乐，评选"阅读之星""故事大王"。

"延学任务单"的设计将"读寓言故事，明白其中道理"这一语文要素融入整个单元的学习之中。通过精读、略读、比较阅读、推荐拓展阅读等形式，将寓言所蕴含的道理理解与故事内容紧密联系起来，引导学生联系生活实际深入理解和体会。学生通过本单元的学习能了解寓言的基本文体特点，学会阅读寓言的基本方法。学生结合课文，借助"延学任务单"，联系生活实际大胆发表自己的看法，能从多个角度有根有据地阐述观点，提升思辨能力。

2. 数学学科

"延学任务单"设计时应有实践性、层次性、拓展性、开放性。教师应针对不同知识点，结合各学段学生的学习特点和知识水平进行设计。"延学任务单"创设了情境串，围绕"小敦敦乘魔毯逛游乐园"这一主题，开展一系列练习。

第一级：快乐计算吧

通过练习巩固所学基本知识与基本技能，为进一步探索研究打好基础。

第二级：思维加油站

通过思维导图，促使学生理解和掌握知识结构，掌握重点知识与难点知识，培养学生的思维能力，激发学习的积极性。

第三级：几何游乐园

在课外延伸中促使学生寻找数学文化与课内知识的联系，感受数学与文化交相辉映的魅力。将课堂向文化有效拓展，开阔了学生的视野，沉淀了学生的内在涵养。

小敦敦乘魔毯逛乐园

【导航台】快乐的几何游乐园就要开园了，小敦敦们每人拿到一条魔毯，魔法师说，只要给魔毯镶上金边，魔毯就有法力把他们送进游乐场了，快来帮帮他们看每人需要多长的金边吧。

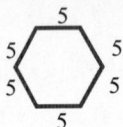

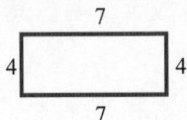

列式：

能够准确计算给出长度的六边形、长方形、三角形的周长得到一颗☆

【导航台】小敦敦们来到了思维加油站，魔术师们给他们出了一个问题：图形的周长。这个问题包括了很多知识，希望他们用思维导图的方式梳理出来。解决了这个问题。才能拿到下一场的门票，你能帮助他们吗？

能够全面总结出有关周长的知识，得到一颗☆

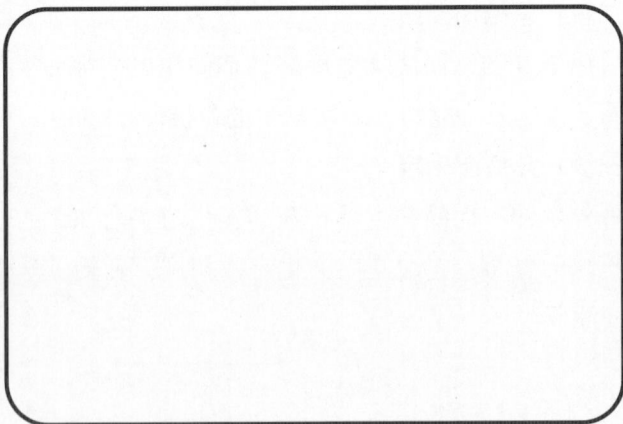

第三级：几何游乐园

【导航台】进入几何游乐园，小敦敦们遇到了难题，这里的图形不那么规则，而且没有告诉我们每条边的长度，无法用公式计算周长。测量物体的周长还有很多方法，除了课堂上讨论过的方法，还可以利用知识迁移，你能用之前学过的方法来帮他们画一画、算一算不规则图形的周长吗？

1."平移大法"——用平移的办法，转换成新的图形，推算出图形的周长

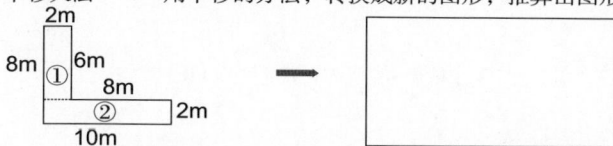

能使用平移方法推算出周长，得到一颗☆

2."变曲为直"——借助棉线，测量出不规则图形的周长

能够理解"化曲为直"的思想，并会运用，形成几何直观的数学素养☆

图 7-34 "延学任务单"情景串示例（一）

第四级：知识收获园

指导学生科学地通过网络，了解更多的数学知识，开阔数学思维。

第五级：成长冠军台

通过前面四级练习，学生可以根据自己的成果获得奖励，再以冠军台的形式对自己进行评价，激发了学生争先的意识，激发他们的学习兴趣。

第四级：知识收获乐园

【导航台】小敦敦们在游乐园玩得不亦乐乎，他们这时又来到了知识收获园，魔术师告诉了

他们一条秘诀：求不规则图形的周长还有很多方法，我们可以通过网络学习。

小敦敦们记在了心里，决定回家就去网络世界查看更多的知识。☆

第五级：成长冠军台

快乐的游园结束了，小敦敦们非常高兴，相信你们也一定收获了很多 ☆ ，请你登上冠军台，

给自己一个大大的"赞"吧！

图 7-35 "延学任务单"情境串示例（二）

第八章 "学本课堂"建设的教学成效
——观察与评价

以"目标达成度"为衡量一堂好课的标准。开展教与学两个层面的评价与观察。从学生学的层面，基于"学会什么""怎么学""如何展现""学到什么程度"四维目标，开发"行为表现 + 行为条件 + 表现程度"的目标结构课堂评价，融入"三单"任务学习中，对学生参与的深入性、主动性、协作学习交流意识、思维过程进行多维进阶式评价。从教师教的层面设计观察量表，从课堂结构、活动转换、学生学习状态、师生互动、前后测效果等方面进行"多维"课堂观察，充分发挥评价对于促进教与学的作用。

第一节 学习效果评价的原则和形式

作为检验教学质量的一种手段，评价可以促进教学不断改进和完善。恰当的评价可以对学生的发展产生导向和激励作用。对学习效果的评价主要包括两部分内容，一部分是对学生是否完成当前问题解决的过程和解决结果的评价，即对所学知识意义建构的评价；而更重要的一部分是对学生自主学习及协作学习能力的评价。"学本课堂"建设中，教师依据"三种学习工具单"开发了基于"C + V + P + N"目标结构的教与学评价技术，即"学会什么""怎么学""如何展现""学到什么程度"。围绕评价的内容，教师可以从不同的角度对学生的学习效果进行评价。

一、对学生的评价

（一）确定学习效果评价维度

对学生自主学习过程中的参与程度进行评价。所有教学效果都是由学生是否参与、怎样参与、参与多少来决定的。因此，学习效果的评价要注重对学生的参与程度进行评价。

1. 对学生参与的深入性进行评价

学生不仅能够参与活动，而且能对问题进行多层面、多角度的思考；不仅能够解决一般的问题，而且能够引发一些深层次的问题，并主动探求解决问题的多种途径；不仅能够运用一般的解决问题的办法，而且能够发现和掌握新的解决问题的策略，各种思维形式并用，以达到提高和创新的新境界。学生要敢于对书本进行质疑，敢于对教师讲的内容进行质疑，敢于讲真心话。

2. 对学生参与的主动性进行评价

学生的主动参与，不是光看学生嘴巴动了多少，主要是看其脑子动了没有，看其思维是否处于高度活跃状态。学生主动参与，是指在教师的组织、指导下，学生积极主动地涉猎知识，思考问题和解决问题的方法，在教学过程中思维处于一种活跃的状态，边学边思考。

3. 对学生的协作学习交流意识进行评价

一是学生不仅要对自己的学习负责，还要对所在学习小组中的其他同学负责；二是学生在教师的组织引导下进行讨论交流，群体智慧和思维可以为个人所共享；三是增进协作，交流是学生学会协作的标志，学生要具有良好的分工意识；四是学生可以相互解释所学东西，能够相互帮助理解和完成作业；五是学生间可以建立并维护信任的关系，进行有效的沟通。

4. 对学生的思维过程进行评价

学科教学是学科思维活动的教学。思维活动的强弱决定一个人的思维品质和逻辑推理能力。对学生思维过程的评价，要关注学生是否具备思维策略、水平和品质，具有独立思维品质的学生，不但善于独立提出问题和解决问题，而且能够恰当地评价和检验自己的思维活动，修正错误，不断改进和提高思维活动的质量；同时，还要善于评价别人分析和解决问题的思维活动，做到对于结论性的东西不盲从、不轻信, 有独立见解。

(二) 确定评价的形式

教师作为学生自主学习和协作学习活动的监督者和协助者, 其评价是学生学习质量的保证, 是学生进步的催化剂。为了不断提升学生在任务完成过程中的效率, 教师可以用表格的形式对学生的自主学习、协作学习、合作展评进行评价, 将观察与评价结合起来, 相关内容。如表 8-1、表 8-2、表 8-3 所示。

表 8-1 "合学型"组织学习自我评价表

参与小组协作学习的表现	评价等级				自评
	优	良	达标	待达标	
合作之前对合作问题有充分的思考					
能认真参与和其他同学的合作与交流, 有独到见解					
能认真倾听其他同学的意见					
能明确表达自己的观点和意见					
能与其他同学共同解决问题					
能明确和承担自己的职责					
能与同学和睦相处, 具备团队意识					
能在倾听的同时反思自己对问题的解决, 修正错误					

表8-2 "合学型"组织学习组内评价表

班级合作学习任务：用多角度批注的方法阅读课文，通过人物的动作、语言、神态体会人物心情

小组任务：从赏析的角度做批注，谈感受

学习导航：结合单元主题，抓住关键词的词性、表现手法、修辞、详略，对文章使用的写作技巧进行批注，表达自己独到的见解

评价维度	评价内容	组长	记录员	计时员	总结报告员	总评
履行职责	小组成员分工明确，各尽其责					
参与态度	每个成员主动表达见解，组员之间积极进行合作互动					
信息接收	在小组讨论时注意倾听其他组员的意见，并善于总结归纳					
交流效果	小组成员进行有效的对话，发言无垄断现象					
	组织讨论快速高效，不偏离主题					
	讨论前对讨论主题做相关准备					
	讨论能达成共识，较好解决问题					

表8-3 "合学型"组织学习组间评价表

组别	学习态度（20分）	组内互助（20分）	组内氛围（20分）	组内汇报（20分）	总结表现（20分）	总平均分（20分）
1组						
2组						
3组						
4组						
5组						
……						

（三）多种评价方式相结合

在学习效果评价的过程中，并非仅有教师方面的评价或学生方面的评价，教师在对学习效果进行评价时，可以采取不同的策略，既可以以小组为单位进行学习前测与后测，然后对小组的表现给予整体评价；也可以针对学生个人学习任务的完成情况进行激励性评价。可以让不同的小组展开竞争，对表现优异的小组给予肯定，同时对表现不错的小组成员进行个别点评；也可以对自主学习程度较高的学生给予个别评价，予以表扬和奖励。无论怎样的评价的方式，在开展评价前，教师都要明确评价标准，以切实提高学习效果评价的作用。

二、对教师的评价

"目标达成度"是衡量一堂好课的最主要、最直接的标准。为充分发挥课堂评价的诊断功能，促进教师不断反思诊断课堂教学，提高课堂教学效率，学校开发了基于"三种学习任务单"的课堂观察诊评技术。

1. 基于课堂表现的多维观察

基于"三种学习任务单"设计课堂观察量表，从课堂结构、活动转换、学生学习状态、师生互动、前后测效果等进行"多维"课堂观察，观课前做好任务分工，让观察更有侧重，具体内容如表8-4、表8-5、表8-6、表8-7所示。

2. 基于课后分析诊断的评价报告

综合汇总分析观课量表的记录情况，做好关键性教学事件、教学任务、学习结果水平的质性描述和量性数据分析。授课教师形成全面细致的课堂诊断评价报告，通过教研活动进行交流；授课教师基于观课老师的报告写出自我诊断报告，促使教师重新审视自己的教学和角色定位，落实"教、学、评"一致的理念。

表8-4 课堂观察记录表

（观察视角1：教师预设行为——教什么）

观察指标		
视点	项目	观察记录
目标设计	1.教学目标是否设计合理，能否体现单元要素？ 2.教学目标是否关注了不同学情学生的需求，并进行了分层设计？	
内容	1.教学内容安排是否恰当？ 能否注重新旧知识之间的关联？	
环节	1.由哪些环节构成？环节设计是否合理完整？结构是否清晰？ 2.这些环节设计能否激发学生的学习兴趣和主动参与的欲望？	
问题	1.问题的设计是否有效而凝练？ 2.有高阶思维含量的问题是什么？ 3.无效或低效的问题是什么？	
工具	1.教师是否为学生建立了学习的支架和工具？ 2.学习任务单的设计能否体现教教、学、评的一致？	
作业	1.作业的设计是否体现了梯性设计？ 2.是否注重知识的迁移与生活运用？	

表8-5 课堂观察记录表

（观察视角2：教师课堂教学行为——怎么教）

观察指标		
视点	项目	观察记录
活动	1.教师的教学组织形式和有效活动有哪些？ 2.这些活动的展开切合教学目标吗？能促进全体学生主动地学习吗？ 3.语言是否准确、生动、富有激情和启迪性，教态是否亲切和蔼？	
手段	1.教师运用了哪些手段解决教学问题？ 2.教师为学生提供了哪些学习方法和工具？是否能促进全体学生主动学习？ 3.合作学习的次数是多少？问题是什么？合作过程中教师能否有效指导与参与？	
倾听与理答	1.教师是否给学生创设了必要的环境，让他们进行独立思考与实践？是否出现以讲代学的现象？ 2.教师能否细心聆听学生的不同意见？打断学生回答或自己代答的次数是多少？ 3.教师提问的学生面是否足够广？是否关注到了不同层次的学生？	
指导	1.教师遇到了哪些生成性的问题？如何解决的？效果怎样？ 2.教师对于学生的错误点进行了哪些引导？ 3.对于学生的创新点、生成点，教师是否进行了转化和迁移提升？	
评价	1.评价方式和评价主体是否多元？评价是否基于目标且有针对性？ 2.是否将评价与学习态度、学习方法等有机结合？能够促进学生有效学习？	

表 8-6 课堂观察量表

（观察视角 3：学生学习行为——怎么学）

观察指标		
视点	项目	观察记录
准备	1.学生课前准备了什么？ 2.预习习惯怎样？	
倾听	1.有多少学生能倾听老师的授课？注意力能集中多长时间？ 2.有多少学生能倾听同学的发言？有多少学生没认真听？ 3.倾听时，学生有哪些辅助的行为（笔记/板书/提问）？	
互动	1.学生兴味盎然的时间有多长？ 2.对整堂课有兴趣的人有多少？ 3.积极参与回答问题和展示的学生有多少？ 4.整堂课没有投入学习状态的学生有多少？	
自学与合作	1.学生可自主支配的时间有多少？是否充足？参与情况如何？ 2.在合作中有明确的分工和组织吗？学习效果如何？ 3.学优生、中等生、学困生的课堂表现有怎样的差异？	
目标达成	1.学生课堂作业有哪些？完成情况如何？ 2.学生的学习方法、能力、思维、情感态度有什么进步？	

表8-7 教师教学反思记录表

（反思角度：教与学的效果）

观察指标		
视点	项目	观察记录
目标	1.预设的课时教学目标是什么？ 2.目标预设的依据是什么？	
环节内容	1.预设了哪些教学内容？容量怎样？是否注重新旧知识迁移？ 2.教学重点难点的处理是通过哪个环节体现的？效果如何？	
工具资源	1.给学生提供的学习支架和工具是什么？设计意图是什么？ （学习任务单的设计意图、学法指导、评价驱动……） 2.通过哪些资源辅助学生学习？	
指导智慧	1.在学生自学与合作学习方面的时间支配如何？做了哪些指导？效果如何？ 2.教师遇到了哪些生成性的问题？如何解决？ 3.对于学生的错误点、生成点进行了哪些引导、转化、迁移？	
目标达成	1.是否达成了预期目标？ 2.学优生、中等生、学困生的课堂表现和学习效果如何？ 3.主要的亮点是什么？ 4.需改进的地方是什么？	

第二节　学习效果评价的操作与成效分析

一、借助有效的课堂观察感受　"学本课堂"的灵动与活力

随着"三种学习任务单"在课堂教学中的广泛运用，我校的"学本课堂"呈现出活跃灵动的新样态。

1. 有备而来，课堂节奏紧凑

通过"导学任务单"的有效预习，学生完成了对新授内容的初步学习，并能够带着问题走进课堂，从而加快了新授课的节奏。以三年级下册数学小数的初步认识这一内容为例，实验班是完成了"导学任务单"之后进入的课堂，非实验班是没有预习直接接触新授内容。通过课堂观察量表可以明显看到两个班级课堂容量的差别，如表8-8所示。

表8-8　实验班与非实验班情况对比（一）

班级	导课时长	新授之前能够提出自己学习疑惑的学生数	教师提问学生举手的参与度	当堂测试练习题的正确率
实验班（总人数40人）	2分钟	28人	90%的学生能够每个问题都举手	正确率90%
非实验班（总人数42人）	5分钟	5人	52%的学生能够每个问题都举手	正确率70%

由此而知，经历了导学案的探究过程，学生学习的积极性被激发，提前解决一部分难题，学生课堂学习的效率就明显提高了。

2. 合作探究，深度学习有效

与教师"满堂灌"不同的是，在"合学任务单"的引导下，每个学生能够发挥最大的主观能动性，不仅能够积极参与到小组合作学习中，而且能够

发挥小老师的作用，在小组里解决一些问题，带动整个小组的学习氛围。

以三年级下册数学两位数乘两位数这一内容为例，按照传统的教法，教师一步步将计算法则告诉学生，然后学生通过大量的练习提高计算速度。在使用"合学任务单"进行教学时，教师设计"点子图圈圈看""拆分其中一个乘数""竖式尝试做"等环节，让学生在小组内自主解决问题，尝试完成两位数乘两位数的计算。实验班使用"合学任务单"学习，非实验班进行传统教学，通过课堂观察量表可以看到明显不同，如表8-9所示。

表8-9　实验班与非实验班情况对比（二）

班级	目光一直追着老师或发言的同学	善于发现学习中疏漏的同学	敢于对老师和同学的观点提出自己看法的同学	当堂测试练习题的正确率
实验班（总人数40人）	90%的学生始终保持高度的专注度	5位有错题的学生中3位能够自我改正练习中的错题	有3位同学提出了自己的质疑	正确率95%
非实验班（总人数42人）	67%的学生专注度保持较好	12位有错题的学生只有2位能够自己进行改正	没有学生对老师的讲授提出疑问	正确率60%

在"合学任务单"的使用过程中，学生在课堂上呈现出鲜活的生命力，思维的灵动活跃使得课堂具有灵性和创造力，"学本课堂"引发的深度学习提升了学生的学科素养。

3. 拓展延学，综合素养提升

如果课堂所学知识只是在课堂中学习、在试卷上检测，那么学生的学习是毫无生机的。为了让知识与生活实际进一步紧密结合，教师在"延学任务单"中创设情境，并给学生一定的展示空间。

在小数加法和减法的教学中，实验班教师设计了超市购物的情境：家里没有醋和酱油了，爸爸给小明5元钱去超市购买，两种酱油，一种2.1元，一种2.3元；醋也有两种，一种1.75元，一种2.2元。请同学们为小明设计一种最省钱的购买方案，同时再设计一个生活中运用小数加减法的例子。非实验班则在课后布置了 20 道计算题，如表 8-10 所示。

延学单有效保障了学生学习的积极性，情境化的设计帮助学生将所学知识与生活实际紧密结合在一起，极大提高了学生运用知识的能力，进而保持了学习的兴趣，提升了学生的综合素养。

表 8-10　实验班与非实验班情况对比（三）

班级	题目完成率	善于发现作业中错误的学生	敢于对老师和同学的观点提出自己看法的学生	当堂测试练习题的正确率
实验班（总人数 40 人）	100% 的学生完成作业	5 位有错题的学生中 3 位能够自我改正练习中的错题	有 3 位同学提出了自己的质疑	正确率 95%
非实验班（总人数 42 人）	80% 的学生完成作业	12 位有错题的学生只有 2 位能够自己进行改正	没有学生对老师的讲授提出疑问	正确率 60%

二、依托有效的课堂观察助推"学本课堂"的再次提升

以"三种任务单"为依托的"学本课堂"建设成效如何，我们用课堂观察量表的形式用数据进行说明，同时量表呈现出来的数据又会反作用于我们的课堂，哪些环节处理得好，值得推广，哪些环节做得有问题，需要进一步商榷，实现"学本课堂"的再提升。

1. 运用课堂观察量表捕捉课堂的闪光点

我们在设计课堂观察量表的时候会有一栏观课者的发现，就是引导观课者通过数据说话，总结提炼值得学习和推广的教学设计。新标准英语五年级下册 Your bag is broken 中有一个小组合作的环节，如表 8-11 所示。

数据的反馈让执教教师感受到精心设计的教学环节的良好反馈，同时也让同组的教师进行了学习和借鉴。

表 8–11　学生课堂参与度观察量表（一）（确定一组学生）

学生	乐于与其他同学制订学习方案			能够协调小组内成员的活动			能够帮助小组学习有困难的学生			乐于表达自己的观点		
	5分	3分	1分	5	3	1	5	3	1	5	3	1
A生	5			5			5			5		
B生	5				3		5			5		
C生	5				3			3		5		
D生	5			5			5			5		
E生		3		5				3			3	
F生	5			5			5			5		
数据反馈	此环节中，教师创设了一个真实的生活情境，让学生为自己的家人购买礼物，运用今天课堂所学的句型和单词。因为有了语言支架，学生表达起来问题不大，但是购买的礼物要符合任务的特点，就需要学生结合生活中的实际来购买。"合学任务单"设计具有实践性，激发了学生表达的愿望，通过以上数据显示，学生的学习参与度很好。因此，这份合学单在"学本课堂"中起到了重要的作用											

2. 借助课堂观察量表发现课堂的不足处

同样，观课者也可以通过观察量表发现授课教师在"学本课堂"建设过程中的问题，并给出建议。

例如，在小学语文六年级下册《那个星期天》一文的学习中，教师在"导学任务单"设计"了解作者生平"的环节，观课者利用表 8–12 进行记录，并提出了相应的建议。

数据上的反馈反映的是教学环节设计上的问题，因此，统计数据不是目的，目的是通过数据客观地反映课堂情况，同时给出课堂建议，让"学本课堂"

更具生命力。

表8-12　学生课堂参与度的观察量表（二）（确定一组学生）

学生	认真倾听发言学生的讲述			对所听内容能够提出自己的感受			能够对所听内容尽心补充			能够记住重要的信息（记笔记）		
	5分	3分	1分	5	3	1	5	3	1	5	3	1
A生	5			5			5			5		
B生	5				3		5			5		
C生	5				3			3		5		
D生	5			5			5			5		
E生		3		5				3			3	
F生	5			5			5			5		
数据反馈	此环节中，教师在"导学任务单"中让学生对作者生平进行了搜集，但是没有给出明确的评价要求，如搜集到什么程度，是否需要把搜集到的资料用自己的语言进行复述。因此，当学生在课堂上只是读出了作者生平的时候，从观察量表的数据来看，好多学生的注意力没有集中在这里，究其原因，还是因为学生的回答是冗长地读，而不是用自己的语言并带有一定情感地讲述，所以学生觉得听起来没意思，参与的热情就荡然无存。建议教师在"导学任务单"的设计上进一步细化评价标准，该环节的效果会更好一些											

三、"学本课堂"　我有话说

语文教师王雪梅：在推进"学本课堂"的过程中，课堂上学生以"个体先学—小组讨论—全班展示—总结提升"为主要课堂模型，课堂成了学生展示所学的平台，成了互学互教的桥梁，成了思辨的舞台；课堂成了师生平等对话的课堂、想象的课堂、展示的课堂。

数学教师李媛媛："合学任务单"从内容到形式实施"学、展、评"的逐级要求，有利于全体学生主动参与研究性学习，也开发了每一位学生的创造潜能，提高了教学效率。以评价为驱动，建立合学型组织，创设真实有效的合作学习环境，让学生真正做合学的小主人、小评价师，会学习合作、善评价反思、有学习智慧。

学生王安鸣：我特别喜欢英语"延学任务单"，因为我比较喜欢英语课，书上的词句和课文我都能背过，作业也能很快写完，总感觉英语学习没有挑战性。有了"延学任务单"后，我特别兴奋，感觉英语作业有了挑战性。我可以用"延学任务单"查到书本以外的知识，还可以在课堂上和同学们交流，感觉自己特别有成就感。

第九章 "学本课堂"案例分享

　　"学本课堂"是以学生为主体，以学生的自主学习为中心的课堂，是智慧的、灵性的、生成性的课堂。学校以"指向'深度学习'的'学本课堂'建设"为课题，构建"安静、灵性、自主的课堂"，这样的课堂强调"先学后教，以学定教"的原则，基于这一原则，我们通过"三单""三学"建构了"学本课堂"的基本形态。"三单"指的是"导学任务单、合学任务单、延学任务单"，"三单"以进阶性任务，通过自主学习、合学展评、实践拓展应用学习，引领学生逐步走向深度思维。本章节通过具体研究课例来谈如何从"三单"的结构设计、学习内容、多维评价入手，落实"教、学、评"一致性理念，促进学生的深度学习。

第一节 多维建构，让学生经历"真"学习
—— "三种任务单"在语文四年级上册《陀螺》 一课中的实施案例

一、实施背景

深度学习是当代学习理论提出的重要概念，认知主义学习理论的推进及神经生理学中关于脑科学与学习关系的内容是其理论基础。深度学习作为一种先进的学习理念指导着课堂变革，同时也是课堂教学变革的终极目标。什么样的课堂能促进学生的深度学习？在学习了中外教育界先进理论与经验后，学校以"指向'深度学习'的"学本课堂"建设"为课题，提炼了深度学习的六大特征，构建"安静、灵性、自主的课堂"三种课堂样态，形成了通过"导学任务单——合学任务单——延学任务单"进阶任务驱动的"三单递学"教学法。本章以语文四年级上册第四单元《陀螺》一课为例，谈如何从"三种任务单"的结构设计、学习内容、多维评价入手，落实"教、学、评"一致性理念，促进学生的深度学习。

二、实施过程

（一）"导学任务单"——导行、定位、趣学

美国著名心理学家桑代克提出过三大学习定律——准备率、练习率和效果律。其中准备率指向课前学习，具体表述为"学习者在学习开始时的预备定势，学习者在有准备的情况下施以活动则感到满意，学习者无准备而强制活动则感到苦恼。"在进入语文学习活动之前，借助"导学任务单"，通过可操作性任务帮助学生做好知识建构，为学生绘制自主学习路线图，让学生知道"自己在哪里"。

1. 知识建构，绘制自学地图

解读《中小学生发展核心素养要义》和《语文新课程标准（2022版）》，

“导学任务单”构建了“5 + X”双翼预学建构模式。“5”为5个结构要素，即学习目标、学习内容，学习任务、学习方法指导及学习评价；“X”为基于语文五大阅读关键能力构建的可操作性进阶阅读任务。《陀螺》一课以“走进成长乐园”为学习情境，构建了“书声琅琅开新篇—认识字词新朋友—言简意赅做梳理—深入文本来研读—习得表达好方法—我的智慧我分享—带着疑问共学习”的学习任务，将“提取信息能力、推断解释能力、整体感知能力、评价反思能力、创意运用能力”巧妙融合，做好知识建构，为学生绘制了全方位的自学地图。

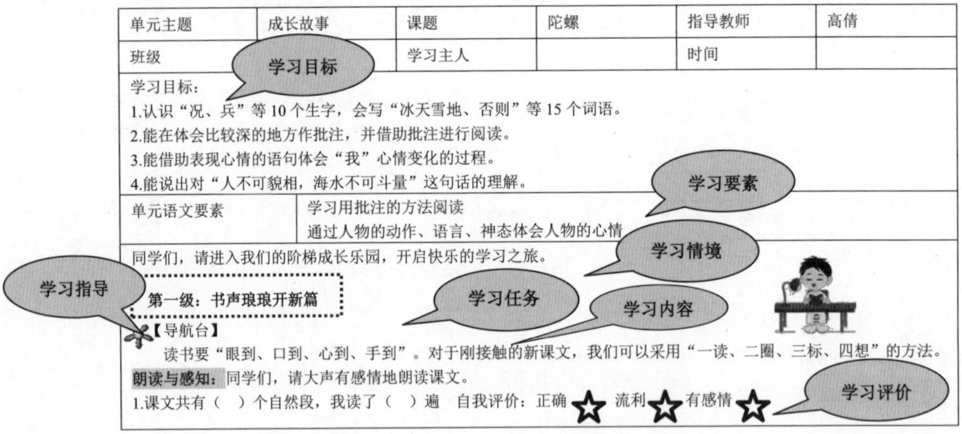

单元主题	成长故事	课题	陀螺	指导教师	高倩
班级		学习主人		时间	

学习目标：
1.认识“况、兵”等10个生字，会写“冰天雪地、否则”等15个词语。
2.能在体会比较深的地方作批注，并借助批注进行阅读。
3.能借助表现心情的语句体会“我”心情变化的过程。
4.能说出对“人不可貌相，海水不可斗量”这句话的理解。

单元语文要素	学习用批注的方法阅读 通过人物的动作、语言、神态体会人物的心情

同学们，请进入我们的阶梯成长乐园，开启快乐的学习之旅。

第一级：书声琅琅开新篇

【导航台】
读书要“眼到、口到、心到、手到”。对于刚接触的新课文，我们可以采用“一读、二圈、三标、四想”的方法。

朗读与感知：同学们，请大声有感情地朗读课文。

1.课文共有（ ）个自然段，我读了（ ）遍 自我评价：正确☆ 流利☆ 有感情☆

图9–1 敦化路小学“导学任务单”（一）

2. 支架助学，搭建自主学习平台

根据维果茨基“最近发展区”理论，为促进学习者意义建构和思维发展，教师应为学生的学习提供有效的支持，也就是学习支架。结合《陀螺》一课所在单元，体会人物的心情变化是本单元要落实的语文要素之一。《陀螺》中“我”的心情变化极为丰富且主线清晰、易于捕捉，设计简单实用的曲线图，借助导航台的文字导学，以“图文式”导学的形式作为支架，立体呈现文本，用可视化的方式便于学生深入体会作者的情感，从而依据这张直观的“导学任务单”开展自学。

第四级：深入文本来研读

【导航台】
同学们请走进那一个个有趣的故事，感受作者别样的心情。借用曲线图，抓关键词语理清课文主线，体会作者情感。

1.认真阅读课文，完成以下表格。

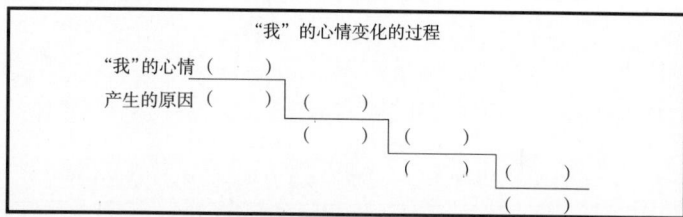

"我"的心情变化的过程

"我"的心情（　　　）
产生的原因（　　　）（　　　　）
（　　　　）
（　　　　）（　　　　）
（　　　　）

自我评价：抓住关键词语☆　表达完整☆　表达准确☆

2.在你体会比较深的地方作批注，丰富对课文的理解。
我在＿＿＿自然段从＿＿＿角度进行的批注是：＿＿＿＿＿＿＿＿＿＿＿＿＿＿

自我评价：表达完整☆　有独特的见解☆

图9-2　敦化路小学"导学任务单"（二）

3. 前置评价，找准自主学习的定位

"导学任务单"充分发挥评价促学的功能，每项任务都会根据难度进行进阶性自我评价。这样学生就会明确了解自己应该在哪里，实际在哪里，从而产生"门槛"体验，课堂上，就会带着自己的"成就"做同学们的小老师，带着自己的"原生问题"寻求解决问题的最佳途径，调动学生的学习内驱力。作为教师，会在新授课前审阅学生完成的"导学任务单"，根据学生的自我评价，了解学生的已知和未知，根据的反馈找到每个学生学习的优势点，为其提供自主展示的舞台；发现每个学生的困惑点，提前备好应对策略，做到学生能讲的教师不讲，基于来自学生的"原生问题"，精准选择"共性问题"和"难点问题"，为课堂上学生的自主学习和合作学习找到有效途径。

第二级：认识字词新朋友

【导航台】

认识新朋友有三要：一要知道它读什么，二要能够会书写，三要知道它的意思。借助有效的识字方法可以记住难写的字，查字典、联系上下文，借助图片、资料和生活实际可以理解词语的意思。

字音：我已经会给 旋（ ）转 挑衅（ ）这些字正确标读音了。☆

字形：我会书写生字表中几个难记的字。 我是用_____方法记住其中的

_____字的。☆ ☆

词义：我通过_____方法理解了"顾名思义""不伦不类"这两个词在文中的意思是_____。☆☆

第六级：我的智慧我分享

【导航台】

反思自己的学习收获，做课堂小老师，为同学们讲解疑难，同时也会提升自己的自信与表达能力。将你的学习成果中最自豪的一点与大家分享。

创意与分享：将你的学习成果中最自豪的一点与大家分享，展示小老师的风采。

1. 一段优美的朗读

2. 一个理解词语的方法

3. 一个难懂的句子

4. 一个解决问题的好方法

5. 一段从资料中获取的有用信息

图 9-3 敦化路小学"导学任务单"（三）

（二）课中实施：驱行、定焦、慧学

建构主义学习理论认为情境、协作、会话和意义建构是学习环境中的四大要素或四大属性。学生学习的前提是教师成为学生建构意义的帮助者。教师为了使意义建构更有效，要在可能的条件下组织协作学习（开展讨论与交流），并对协作学习的过程进行引导，使之朝着有利于意义建构的方向发展。所以，在课堂教学实施中，通过"合作任务单"的设计与使用，为学生建构自主合作学习的组织，让学生知道"自己能在哪"。

1. 对话建构，四步驱动合学效果

"合学任务单"的设计，在结构上分为"导—学—展—评"版块，这是

与"学本课堂"的"学、展、评、延"教学模块相契合的。"导"指的是导航台对于学习任务的学法指导;"学"指的是自学内容与合学的核心问题;"展"指的是合学之后,小组成员要如何呈现自己的学习成果;"评"指的是学生在完成每个结构板块的任务时,都会有前置性评价作为有效的指导。例如在《陀螺》一课中,教师设计了"问题屋去淘宝—合作伙伴对对碰—合作成果展示台—我做小小评价师"四个板块,引导学生提出和选择有价值的问题,学会通过合作的形式释疑解疑,表达自己的观点,在倾听互动中完善自己的认知,从而使学习效果最优化。

2. 问题导学,定焦学习方向

"合学任务单"的建立,将学生"个性化"的问题进行梳理,与教师的核心问题进行链接,形成有研究价值的问题,以探究性任务引导学生开展有效的合作学习,在交流共享中实现学习效果的最大化。如《陀螺》一课中,教师根据学生在"导学任务单"提出的疑惑发现,大多是对一些含义深刻的句子的理解方面的欠缺,结合本单元的语文要素,提炼的核心概念就是"学会批注"。教师将学生"个性化"问题进行梳理,与核心问题进行链接,设计探究性合学任务为"怎样从多角度做批注加深对课文的理解?"为了更好地指导掌握批注的角度,教师从疑问、赏析、感悟、阐释、联想、补充几个角度,采取分小组针对性研究策略,设计了自主与合作学习的导学任务,让学生自主学习有抓手,合作学习显实效。

3. 多维评价,建构"对话学习"之链

"学本课堂"的内涵特征之一是合学型组织的建设,旨在通过协作学习解决"共生问题"。协作学习的过程即会话过程,会话是达到意义建构的重要手段之一。但是在合作学习时,最容易出现"合而不作""作而不同"的现象,所以在小组展示时,会出现"一言堂"现象,一人主导,其他人沦为背景;而未展示小组的同学则事不关己,高高挂起,没有参与倾听与互动的意识。"合作任务单"的设计以评价为驱动,在合作时以"倾听、参与、评价、反思"几个维度,从职责履行、参与态度、信息接收、归纳思考、交流互动等方面,从内容到形式评价成员任务完成贡献值。在展评环节,也是通过评价量表让展示的小组知道如何展，倾听的同学带着什么任务去倾听与参与，从而建立有效的"对话建构"，通过评价推动四人合学型组织的建设，创设真实有效的合作学习环境，让学生真正做合学小主人，让老师真正成为学生的合学伙伴，从而实现教与学方式的有效转变。

表 9-1　教师用小组评价表

（第四）小组评价表（教师用）						
班级合作学习任务：用多角度批注的方法阅读课文，通过人物的动作、语言、神态体会人物心情 小组任务：从赏析的角度做批注，谈感受 学习导航：结合单元主题，抓住关键词的词性、表现手法、修辞方法、详略等，对文章使用的写作技巧进行批注，表达自己独到的见解						
	评价内容	组长	记录员	计时员	总结报告员	总评
评价维度	小组成员分工明确，各尽其责	9	9	10	9	9.3
履行职责	每个成员主动表达见解，组员之间积极进行合作互动	10	9	9	10	9.5
参与态度	在小组讨论时注意倾听其他组员的意见，并善于总结归纳	10	9	9	10	9.5
信息接收	小组成员进行有效的对话，发言无"垄断"现象	9	9	9	9	9
	组织讨论快速高效，不偏离主题	10	9	8.5	9	9.1
	讨论前对讨论主题做相关准备	9.5	9	9	9	9.1
	讨论能达成共识，较好地解决问题	9				

第一小组展示学习效果：

组长：

汇报员1:我从写法的批注角度谈谈自己的感受。这句话运用了比喻的手法，把快乐比作过冬的燕子，从而写出作者的伤心，没有快乐。
汇报员2:我从联想的批注角度谈谈自己的感受。这句话中作者一直处于"恍惚"的状态，我可以想到他心里一直是惦记着这个陀螺，内心充满的期待。

其他小组补充评价：
生1:我来补充第1位汇报员的批注内容，我认为，比喻句不但表现出作者的伤心，更表现出他的郁闷至极。
生1:我来补充第2位汇报员的批注内容，我认为，不但是期待，还有向往。

图 9-4　小组展示评价示例

三、课后延展：梳理、应用、诊学

基于维果茨基的最近发展区理论中对自主学习的定义，本着知识"从何处来""该怎样走""到何处去"的思想，"延学任务单"的设计更注重在挑战性的任务驱动下及时发现问题，不断回顾自身已达到的能力水平，提升综合运用知识解决实际问题的能力，让学生知道自己"能去向哪里"。

（一）活动建构，培养深度学习思维

基于对《小学语文新课程标准（2022版）》精神的解读，《陀螺》一课的"延学任务单"的设计以促进学生核心素养发展为目的，注重"语言文字积累与梳理，文学阅读与创意表达、整本书阅读"的基础型、发展型、拓展型三大任务群的相互关联，整合大单元学习内容、方法和资源，以突出情境性、实践性、综合性的挑战性任务为载体，设计了"睿智去闯关—方法巧梳理—生活巧致用—迁移获提升—定位新目标—评价成长路"五个板块的活动任务，体现知识、能力与思维的循序渐进，通过活动建构，让学生会积累、梳理、整合知识，在真实的语境中语用语言，学方法，在不断地回顾中发现问题，调整目标，构建深度学习思维。

定位新目标

【导航台】
　　同学们，回顾一下本课的学习，我们抓住关键信息理清课文脉络，运用做批注的方法深入理解课文，在自主合作中与同伴交流自己的感悟，分享学习成果。
　　你的收获是＿＿＿＿＿＿＿＿＿＿＿＿＿＿＿＿＿＿＿＿＿＿＿＿＿＿＿＿

　　今后你会在＿＿＿＿＿＿＿＿＿＿＿＿＿＿＿＿＿＿＿＿＿＿方面努力。

图 9-5 《陀螺》"延学任务单"（一）

（二）情境致学，提升综合语用能力

四年级上册第六单元有三个语文要素，分别是学习用批注的方法阅读，通过人物的动作、语言、神态体会人物的心情，记一次游戏，把游戏过程写清楚。"延学任务单"巧妙地将三个语文要素的落实融合在不同的任务中。在"方法巧梳理"的任务中，教师推荐学生用圆圈图、气泡图、鱼骨图、流

程图四种图示做梳理总结，根据本单元不同的课文编排构建特点，自主选择图示，从做批注的角度回顾整理学过的知识，从而落实第一个语文要素。"生活巧致用"版块任务，通过以"安慰"为主题的口语交际和趣味运动会小记者报道的任务设计，落实本单元第二个、第三个语文要素，将创意表达任务巧妙地融入生活化情境设计，做到学以致用。在"迁移提升"版块，将三个语文要素综合运用到整本书阅读中，起到知识融会贯通的作用。

生活巧智用

【导航台】
1.每个人在生活中总会遇到不同的事情，你心情不好时，得到过别人的安慰吗？别人是怎么安慰你的呢？拍拍肩膀，抱一抱，我是你的好朋友。
　　昨天小红代表学校去参加了一个大型的书法比赛，结果就在上交作品时，不小心滴上了一滴墨……假如你是小红的同学，你打算怎么安慰她呢？请同桌之间互相商量一下。
2.实践活动

【敦敦视线栏目征稿启事】
各位同学：
　　学校将举行"秋季趣味运动会"，届时，将会有多个趣味游戏登场，请你作为敦敦视线特邀小记者，选择一个活动，写一篇新闻报道，并配上照片。优秀的报道将刊登在校报上，并在本周敦敦视线栏目播出。欢迎大家积极参与。

敦敦视线栏目组

图9-6　《陀螺》"延学任务单"（二）

（三）进阶评价，在诊断中提升核心素养

　　在"延学任务单"中以成长阶梯的形式，根据语文学科素养对四年级学生在识字与写字、阅读与鉴赏、表达与交流、梳理与探究方面关键能力的要求以及本节课需要重点落实的语文要素，根据任务的难易程度和每项任务的完成度，设计进阶性的综合评价，形式新颖直观。如果说"导学任务单"的评价重在驱动自主学习，"合学任务单"评价重在学习型组织建设的组内、组际间合作学习评价，那么"延学任务单"评价的作用更多的是"诊学与提升"重在引领学生通过进阶评价反思学习的效度，诊断存在的差距，在不断地总结中调整自己学习的思路，找到适合自己的路径，构建全息视域下的深度学习思维，提升综合学习素养。

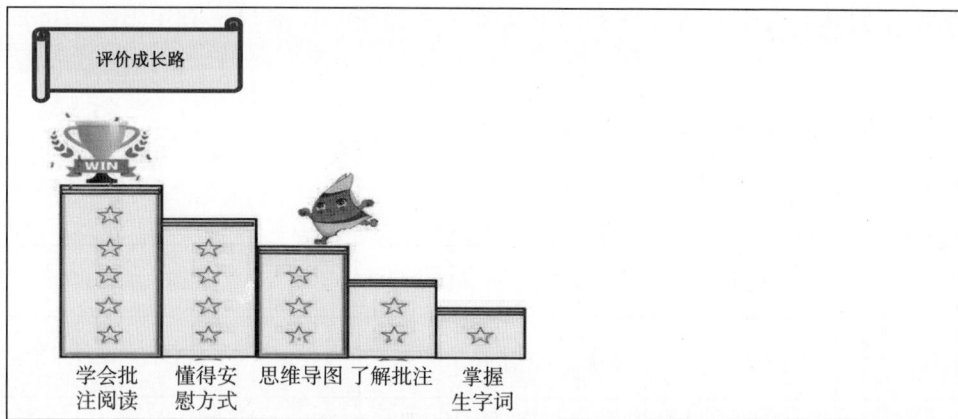

图 9-7 成长阶梯的评价方式

三、实施成效分析

"目标达成度"是衡量一堂好课的最主要、最直接的标准。为充分发挥课堂评价的诊断功能，基于"学会什么""怎么学""如何展现""学到什么程度"四维目标，开发基于 "行为表现 + 行为条件 + 表现程度"的"C + V + P + N"目标结构课堂观察技术。从课堂结构、活动转换、学生学习状态、师生互动、前后测效果等进行"多维"课堂观察。观课教师呈现客观的观察量表，学生学习任务单完成情况等做好关键性教学事件、教学任务、学习结果水平的质性描述和量性数据分析，授课教师形成全面细致的"课堂诊断评价报告"。在观看《陀螺》一课后，我们看到了"三种任务单"在"学本课堂"建设中、在推进学生"自主—合作—深度学习"中发挥的成效。

（一）提升了学生自主学习的效度

在学生完成"导学任务单"的任务后，教师根据学生的自评情况，结合课堂上学生的表现，可以看到在教师进阶性任务的驱动下，学生更有目标地学习，表中前三个预学任务，对于学生来说便于实操。达到三星标准的人数明显多于前两个星级，说明学生在教师的学法指导下，能不断地向高层级目标挑战，提升了自主学习的兴趣和能力。例如，"感悟课文"中的任务，教师围绕本节课的语文要素"从多种角度做批注"提出要求，能用两种以上角度批注的学生占到 45%，三种以上角度的占到 25%，而提出有思考价值的问题的只占到总人数的 30%，也是学生自主学习的难点。所以，根据情况反馈，教师们执教前更有准备，可以在课堂上设置更有明确的学习目标，提升学生主动参与自主学习的能力。

表 9-2　自主学习反馈表

任务	达到一星标准		达到二星标准		达到三星标准	
	完成情况	人数	完成 情况	人数	完成情况	人数
朗读	能正确朗读课文	10	能流利有感情朗读	15	边读边知大意	25
字词预学	正确标音会读	8	能记住指定生字字形	12	能用不同方法理解重点词语	20
理清脉络	大体了解课文内容	9	正确填写事件发展图示	14	能正确填写图示，从中有所发现	15
感悟课文	能用批注的方法初步理解重点词句	11	能用两种以上角度对词句做批注	18	能从三种以上角度对词句做详细批注	10
质疑问难	能提出问题	13	能提出与课文主旨相关的问题	15	掌握提问的方法，提出有思考价值的问题	12
搜集资料	能阅读老师提供的资料	14	能阅读资料，并通过其他方式获取相关资料	15	通过其他方式获取相关资料，并提取相关有用信息	11
课堂分享	分享诵读内容	9	分享学习字词、理解课文方法	16	分享有特色的表达方法	15

（二）提升了学生深度学习的能力

观课教师从履职、倾听、参与、信息接收、交流成效几个维度观察小组合作学习的情况，发现在这节课的教学中，学生的合作效果明显要好于以往，每个小组成员的参与度达到 100%，每个学生都能明确自己的职责，在小组交流展示时改变了"一言堂"的现象，尤其是每个观察小组在倾听其他小组发言时，95.5% 的学生都能认真倾听，65% 的学生能做到在倾听的同时进行有效的互动，或补充，或质疑，或提问，形成了良性互动的合学氛围，真正成为学习的主人。通过"延学任务单"，87.5%的学生拿到了十颗星。通过学习效果的前后测，发现学生的每一项学科素养的关键能力都有了不同程度的提升。

表9-3 学生学习效果前后测对比统计表

题目	项目能力测试点	频次	应得分	实得分	正确率	得分高于85%的人数	得分低于60%的人数
一	字词识辨能力	前测	410	352	86%	38	1
		后测	410	382	93%	41	0
二	整体感知能力	前测	410	340	83%	25	3
		后测	410	369	90%	32	0
三	提取信息能力	前测	615	492	80%	25	4
		后测	615	541	88%	30	1
四	推断解释能力	前测	656	531	81%	23	4
		后测	656	584	89%	28	1
五	评价反思能力	前测	779	623	80%	24	3
		后测	779	709	91%	28	0
六	创意应用能力	前测	1230	972	79%	22	5
		后测	1230	1045	85%	28	1

"三单递学"教学法实施一学期以来，我们明显看到了四年级学生在落实学科素养方面各项能力方面的提升，尤其是一些、关键能力和高阶思维能力的提升效果显著，如推断解释能力较之前提高了8%，评价反思能力提高了11%，信息提取能力的正确率也达到88%，如图9-8所示。

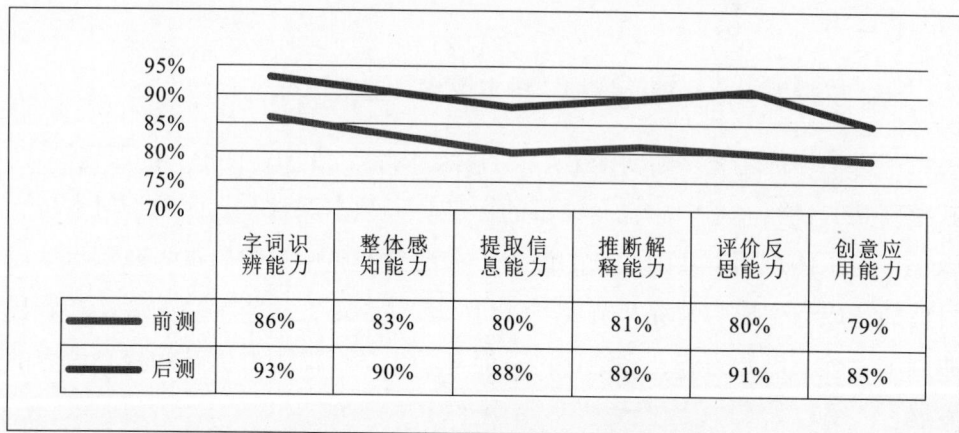

	字词识辨能力	整体感知能力	提取信息能力	推断解释能力	评价反思能力	创意应用能力
前测	86%	83%	80%	81%	80%	79%
后测	93%	90%	88%	89%	91%	85%

图9-8 学生学习效果前后测对比

实践证明，"三单递学"教学法是符合学生认知规律的，是提升学生学科素养背景下助力学生自主学习、深度学习行之有效的、先进的教学方法，值得应用与借鉴。

第二节　"三单"支链，促进单元语文要素的落实
——语文三年级下册《漏》一课的实施案例

"学本课堂"强调以学生为本，以学生的学习为中心。立足于"深度学习"的理论引导、新课改后学与教的现状以及学校"三单递学"教学法的实施，如何让学生经历"真"学习呢？接下来以语文三年级下册第八单元《漏》一课为例，从"学习内容"角度，落实"教、学、评"一体化理念，促进学生深度学习建构，促进"学生课堂"的生成。

"学本课堂"是以学生为主体，以学生的自主学习为中心的课堂，是智慧的、灵性的、生成性的课堂。这样的课堂强调"先学后教，以学定教"的原则，教师在学生学习的过程中起到的是引导和指导作用。基于这一原则，我们通过"三单""三学"建构了"学本课堂"的基本形态。"三单"指的是"导学任务单""合学任务单"和"延学任务单"，"三学"指的是借助"导学任务单"的自主学习、借助"合作共学单"的合作学习、借助"迁移延学单"的实践应用学习。

一、以导为中心　精心建构"学本课堂"基本形态

"科学评价之父"泰勒提出了"目标、内容、方法、评价"的课程模式，其中确立"目标"是中心也是评价的标准。"学本课堂"是回归学习本位，以学生为主体，师生共同成长的课堂，在课堂实施中，我们更强调学生学习目标的达成与生成的情况，需要"评价"贯穿始终，这与泰勒的理论有着异曲同工之妙。以始为终，多维评价，促进学生学习能力的提升和核心素养的发展。

（一）"导学任务单"——导之以行，明辨现状，让学生知道"自己在哪里"

"导学任务单"是在学生学习发生之前，教师根据学情设计的学生自主

学习的路线图。通过学生的自主学习，完成可操作性的学习任务，初步构建对于新知识的"认知结构"，明确自己的学习起点。

《漏》一课以"争做故事大王"为大单元学习任务情境，构建了"故事王国入场券—故事情节悟情趣—绘声绘色编童话"三大学习任务。教师从学生原有的知识经验入手，将"整体感知能力、提取关键信息能力、评价反思能力与创新引用能力"巧妙地嵌入，为学生绘制了全面的自学认知地图。

活动一：趣味故事入场

【导航台】

我国的民间故事包含了丰富的历史知识、深厚的民族情感，蕴含着英雄主义、乐观主义、人道主义等，给人以知识、教诲、鼓舞和希望。有的民间故事以连环漫画的方式出现，非常有趣。

第一关：趣味回顾，巧辨字词

有趣的字词	
第一组	脊背、驴圈、窟窿、歪脖老树
第二组	趴在、蹲在、粘住、蹭下来、蹿上去
第三组	唉　　哩
我的发现	第一组词是表示（　　　　）的词语 第一组词是表示（　　　　）的词语 第一组词是表示（　　　　）的词语
多音字	哩┤——（　　　　）　　　旋┤——（　　　　　）

请你写下本课中容易写错的字，并写一写学习提示。

第二关：趣味发现，迁移运用

这篇民间故事采用误会和巧合的方式，记叙了老虎和贼误把漏雨的"漏"当成怪物而疲于奔命的故事，课文告诉我们 ＿＿＿＿＿＿＿＿＿＿＿＿＿＿＿＿ 的道理，由此我想到了一句俗语 ＿＿＿＿＿＿＿＿＿＿＿＿ ，同时也彰显了中国语文文字的魅力。

图9-9　《漏》第一课时"导学任务单"

课前导学单

活动一：故事王国入场券

这篇民间故事采用误会和巧合的方式，记叙了老虎和贼误把漏雨的"漏"当成怪物而疲于奔命的故事彰显了中国语文文字的魅力。

第一级：请你写下本课中字，并选一个易错字写一写学习提示

（　　　）字书写提示	
间架结构	
关键笔画	

第二级：回顾整理

1.我能借助示意图，按照地点变化顺序复述清楚故事

地点变化顺序	文字提示	
老公公、老婆婆家	老公公老婆婆（　　　）"漏"，（　　　）跑了虎和贼。	
（　　　　　　）	虎（　　　）着贼，贼（　　　）着虎。	
歪脖老树	虎（　　　）掉贼，贼（　　　）上树：虎贼（　　　），滚下山坡。	
（　　　　　　）	虎和贼以为对方就是"漏"，都（　　　）了过去。	
老公分、老婆婆家	老公公老婆婆（　　　）"漏"。	

2.回顾标准，点评复述

我是故事大王	
评价标准	星级
1.语言流畅，声音洪亮，能够借助示意图，按地点变化顺序将故事复述得清楚。	☆
2.能够抓住语言、动作等关键词句，将故事复述得具体。	☆
3.能够借助语气、表情、动作等方法，将故事复述得有趣。	☆

图9-10　《漏》第二课时"导学任务单"

（二）问题导学，搭建脚手架，定焦学习方向

传统的语文课堂上，教师讲得多，学生思考得少，学生难以拥有自主思考的时间。而在"学本课堂"的教学理念下，通过以"问题"为导向的设计与实施，引导学生围绕有效的问题，走进阅读课的文本世界，将文本内容与课堂问题有机结合。学生能够围绕实际问题进行自主阅读和独立思考，逐步

分析与解决导学设计中提出的问题，建立像托尔曼实验中的小老鼠一样的"认知地图"，构建起对新知识的初步的"认知结构"，能够达到自主学习效果。这样的导学设计既为学生提供了自主学习的空间，也提升了学生的阅读理解与问题解决能力。

从"预学导学"的实施效果来看，学生通过第一关"趣味回顾，巧辨字词"，在游戏中轻松掌握了基础知识，达到了本学段能力应该达到的水平；通过第二关"趣味发现，整体感知"，能够引导学生带着之前学过的知识和方法进入本课的学习中，掌握整个故事的起因、经过和结果。

二、以学为中心　全面落实"学本课堂"驱动性和生成性

深度学习引领下，生生对话、师生对话的合作探究是以小组为单位的探究学习方法，它能发挥团队的力量，由浅入深地引导学生走向文本的更深层次，提高学生的学习效率。

（一）"合学任务单"——合作共学，精准定位，让学生明确"自己能在哪里"

"合作任务单"是教师立足于2022版语文新课改和班级学情，围绕学习目标而指定的生生之间的学习活动单。学生通过合作建构，能够取长补短，互助互进，完善"认知结构"，明确自己的学习目标，知道自己"能在哪里"。

《漏》这一课的第二课时，在"争做故事大王"的情境任务引领下，教师设计了一个核心任务："将故事复述具体和复述有趣"，围绕这一任务，设置了三个学习活动：①找一找，故事中的关键词句有哪些，你从中又感受到了什么？②说一说，你是借助什么方法将故事复述具体的？小组内讨论。③演一演，加上语气、动作、表情、想象等，将故事复述得有趣。显而易见，这里的活动设计不同于以往泛化的教学活动，这是核心任务引领下的学习活动，以核心任务聚焦学习目标，又在学习活动中让学生的思维不断进阶，指向深度学习。

课堂学习单

活动二：故事情节悟情趣

第三级：疑思细节，复述具体

1.抓住关键词句，复述具体

请大家默读故事，用自己喜欢的符号标记出关键词句，可以在旁边写写批注。

想一想，从这些关键词句中，你感受到了什么？

2.观察对比，发现异同

6.老虎想："翻山越岭我什么都见过，就是没见过'漏'，莫非'漏'比我还厉害？" 7.贼想："走南闯北我什么都听说过，就是没听说过'漏'，莫非'漏'比我还厉害"
8.老虎想："坏事，'漏'捉我来了！" 9.贼想："坏事，'漏'等着吃我哩！"
10.老虎想："'漏'真厉害，像胶一样，粘住我了。到树跟前，得把它蹭下来，好逃命。" 11.贼想："'漏'真厉害，旋风一样，停都不停，一定是驮到家再吃我。到树跟前，得把想办法窜上去，好逃命。"
12.老虎想："终于甩掉'漏'！" 贼想："终于甩掉'漏'！"
16.老虎想："'漏'又来了，这下我可活不成了！" 17.老虎想："'漏'又来了，这下我可活不成了！"

观察以上句子，它们句式或者内容上有什么特点？	（ ）

圈画出以上心理描写中相同的部分，观察不同的部分。

第四级：抓住想象，体会有趣
老师帮同学们把找到的关键的词句整理到了表格中。现在请同学们小组为单位，加上语气、表情、动作等，试着将故事复述得有趣吧。

小组合作分工量表			
小组序号	1号	2号	3号	4号
职责分工 对应场景	老公公老婆婆家	逃跑路上	歪脖老树	山坡下 老公公老婆婆家
复述要求	能够抓住语言、动作、心理等关键词句，借助合并转述或者直接讲述的方法， 将故事复述得具体。 能够借助语气、表情、动作、想象等，将故事复述得有趣。			

地点	语言	动作	心理
老公公 老婆婆 家	说漏	老虎：(驴圈)趴、吓得身发抖、撒腿、跑 贼：(屋顶)蹲、听得腿脚发软、滑、跌下来、摔、抱住、不敢松手	6.老虎想："翻山越岭我什么都见过，就是没见过'漏'，莫非'漏'比我还厉害？" 7.贼想："走南闯北我什么都听说过，就是没听说过'漏'，莫非'漏'比我还厉害？" 8.老虎心想："坏事，'漏'捉我来了！" 9.贼心想："坏事，'漏'等着吃我哩！"
逃跑 路上		老虎：驮、累得、筋断 贼：骑、颠得、骨头架散	10.老虎想："'漏'真厉害，像胶一样，粘住我了。到树跟前，得把它蹭下来，好逃命。" 11.贼也想："'漏'真厉害，旋风一样，停都不停，一定是驮到家再吃我。到树跟前，得想法蹿上去，好逃命。"
歪脖 老树		老虎：歪 　　跑 贼：纵、蹿、爬 贼：看见、跑、倒倒栽葱摔下来、滚 老虎：见、逃、腿一软、滚	12.老虎想："终于甩掉'漏'了！" 13.贼想："终于甩掉'漏'了！ 16.贼心想："'漏'又来了，这下我可活不成了！" 17.老虎心想："'漏'又来了，这下我可活不成了！"
山坡下		滚、撞、惊恐大喊、吓昏过去	
老公公 老婆婆 家	再 说漏		

图 9-11　《漏》"合学任务单"

（二）多维评价，以评促学，建构"对话学习"之链

深度学习理念指导下的"教、学、评"一体化的"学本课堂"，以学习目标为引领，以学习成果为着力点，通过自评、互评和他评等多维评价标准，引导学生自主、合作和探究学习，从而建立起"对话学习"之链，最终促进核心素养的形成，让学生学会学习。

这种多维评价模式主要包括两种评价量规，一种是累积式星级评价，一种是层级式评价。这两种评价方式都能够激发学生学习的主动性，拓展学生思维的深度和广度。通过评价，从学生的角度，让他们对自己"已经学到了什么"

有清晰直观的认知，明确接下来"自己还能学到什么程度及后期努力方向"。从教师的角度，能够对学生的"行为表现、行为条件和表现程度"有直观地掌握，并调整教学的节奏和引导的方向。累积式量级评价如图 9-9 所示，层级式评价如图 9-10 所示。

"累积式星级评价"学习目标有三个：①掌握基本的字词并分类，区分多音字；②掌握会写的字的间架结构、关键笔画，能够书写美观；③能初步感知课文内容。这种累积式的星级评价能够激发学生好奇心和求知欲，提高了他们思维的深刻性，促进内在学习动机的生成。

层级式评价中，学生试着将故事复述得清楚、复述得具体和复述得有趣，达到标准 1："语言流畅，声音洪亮，能够借助示意图，按地点变化顺序将故事复述清楚"，即可获得"一星故事大王"的称号；达到标准 2："能够抓住语言、动作等关键词句，将故事复述得具体"，可获得"两星故事大王"的称号；达到标准 3："能够借助语气、表情、动作等方法，将故事复述得有趣"，可获得"三星故事大王"的称号。这种层级性评价更加关注学生的个体差异，增加了自主性和选择性，让学生根据个人实际情况自行选择，保护了学生的个体差异和自尊心。

三、以生为中心 梳理延伸"学本课堂"应用性和诊学性

"学习目标达成度"是衡量大单元情境任务下一堂好课的最主要、最直接的依据和标准。

（一）"延学任务单"——学以致用，趣味促学，让学生知道自己"能去向哪里"

"延学任务单"是在学习课堂新知后，根据学习内容进行的实践性的应用检测和针对应用的内容进行的提升和拓展。学生根据自己的生活实际，有选择地进行迁移和反馈，从中找到自己的不足之处，查漏补缺并及时反馈和改进，从而提升综合运用知识和解决实际问题的能力，将新的知识纳入到原有的知识结构当中，不断建构完善的"认知结构"，从而明确知道自己"能去向哪里"。

《漏》这一课，学生通过学习已经掌握了"抓住关键词句将故事复述具体""加上语气、表情、动作、想象等将故事复述有趣"的方法，结合学生的兴趣和生活实际，在迁移延学方面设计了"绘声绘色编童话"这一任务，在具体的思维运用中进行新的生成。

延学任务单

活动三：绘声绘色编童话

第五级：有趣的故事还在继续，老虎和贼被"漏"吓得差点儿丢了命，回到家里，他们恍然大悟，知道了"漏"居然是"漏雨"，老虎和贼心里又会想些什么呢？

请发挥你的想象力，仿照故事中的句式，续编一下他们的心理吧！

老虎_____地想："_____"
贼_____地想："_____"

第六级：课后延伸，拓展运用
1.基础型作业：将本课内容生动有趣地复述给爸爸妈妈听。
2.拓展型作业：拓展阅读《小猪变形记》。
3.实践型作业：动画片《疯狂动物城2》的导演要到我们学校来征集剧本了，希望各位故事大王能积极踊跃地投稿。

第七级：选择喜欢的方式画一画、讲一讲这个故事
【表格、示意图、鱼骨图、流程图、中心思维导图等】

图9-12 《漏》"延学任务单"

（二）以始为终，探究课堂深度，提高课堂效度，延伸价值长度

"学本课堂"构建的基础和核心素养的要求都是发挥学生的学习主体性，因此教师无论是在课前导学、课中实施，还是在课后延学中都需要给学生留有自主学习、思考、探究空间。让学生在主动构建中探究课堂深度，充分展示自我；在自觉探究发展之路中，提高课堂效度，建构完整的"认知结构"；在课后创新应用中，延展价值长度，最终构建理想化的"学本课堂"。

基于"学本课堂"的多维建构目标，实现"学"与"教"的双线生成，关注"学生""学习"和"教学"的三个中心，围绕"学什么""怎么学""如何展现""学到什么程度"的四维目标，最终对"学生、教师、教学效果"等要素进行多维的课堂观察预评价，建构全面的"课堂诊断评价报告"。在《漏》

这一课的观评中，"三单递学"教学法在"学本课堂"的建设中发挥了重要的进阶式作用，推动了学生自主—合作—深度学习的生成。

第三节 按"单"索骥，诱"学"深入
——"三单递学"教学法在英语六年级Festivals模块教学中的实施案例

新课标提出课堂教学的目的是引导和促进学生全面发展。学生是课堂学习的主体，课堂教学设计和活动都应从学生的生活背景和已有知识经验出发，教师要充分相信学生并大胆放手，让学生在自主学习交流互动过程中合作探究，学生学习的主动性和积极性。

一、"导学任务单"—— 学情预热 以学定教

"导学任务单"能够帮助学生唤醒已学知识，帮助教师了解学生的已有认知水平，借助最近发展区理论，通过设计有层次、可操作的学习任务，以学生的已知作为教学起点，促使学生建立新旧知识的内在联系。教师了解学生的已知、未知，从学生的学习需求出发，激发学生的想知和能知，依据学情实现以学定教。例如，在新标准英语六年级Module 6 Festivals的模块教学中，教师设定了"寻宝乐园"的学习情境，通过"寻宝初探—课文听读—寻宝再探—找寻重点词句—寻宝深探—能力提升—寻宝拾趣—知识超市"等学习任务，帮助学生回顾了曾经学过的有关节日的词汇和描述节日的常用时态一般现在时态的基本结构、用法；然后引导学生自主找到本课的学习重点内容和难点并适度进行自学，掌握生词的读音，并尝试对已知节日进行回顾描述，并对新课文内容进行背景了解，激发学生学习新知的热情。学生根据预学的要求、内容和步骤进行自主学习和探究，实现从"要我学"到"我要学"的转变，为新知的学习打下良好基础。

寻宝再探——找寻重点词句

1.Small Words(课文中有一些重点单词，你知道他们的意思吗？你也可以找出其他有问题的单词，尝试找出他们的音标及意思。)

_____

2.Big Sentences(课文中的句子你都认识他们吗？如果有不理解的可以把他们写在下面的横线上。)

_____

_____

3.我的发现（在预习中你还有没有其他的问题想问问老师或同学。可以尝试用英语来问一问。）

_____

星级评价 ☆ ☆ ☆

寻宝深探——能力提升

你知道下面描述的是哪个节日么？

1.All of children love this festival.They have parties on that day.It's a festival for all children.It's _____ .

2.It's in winter.This festival is very important to us in China.Families have a big dinner.They eat dumplings.They wear new clothes.They visit friends and relatives. It's _____ .

3.It's in November.They eat turkey and people say"thank you"for their food, family and friends.It's _____ .

图 9-13 Festival 模块 "导学任务单"

二、"合学任务单"—— 因势利导 合作探究

"合学任务单"是以学生为中心，基于学生原有的知识，在教师和学生共同组成的学习环境中，让学生主动提出问题、主动探究学习的过程。

合作任务从教学的核心目标出发，通过任务驱动的形式，充分体现学生的主体地位，教师因势利导，学生通过自主合作探究等形式实现深度学习。合作共学的过程可以提高学生的语言表达能力、创新思维能力、社会交往能力等，有利于促进学生的核心素养的形成。新标准英语六年级 Module 6 Festivals 的模块教学中，教师先是通过思维导图的形式向学生讲解节日的组成要素，如节日的时间、人们过节的习俗等；然后设置小组合作任务，让学生们通过合作共学，根据思维导图的引领自主学习分析课文内容，了解人们是怎样度过感恩节的，掌握感恩节的重难点知识，并能依据思维导图对文本进行复述。在掌握了课文内容后，小组进一步运用思维导图的构架，分析其他节日，并进行文本再造。"合学任务单"根据教学的重难点创设了任务链，将重难点分解成逐层递进的小任务，最大限 度地给学生以独立学习实践的机会，让学生自主探究、自己思考、自由表达和自我表现，习得解决问题的方法，充分体现主体地位。

Step1.导图指路不糊涂

同学们，我们学习了西方的传统节日感恩节，让我们来看一看，了解一个节日我们可以从哪几个方面入手呢？

Festivals

When is it?

What do people eat?

What do people do?

请各小组根据短文框架，介绍自己小组选择的节日，完成语篇。可以借助小提示哦。

_____ is an important/a traditional

festival in China. It's in/on _____ .

we _____

_____

_____

【导航台】同学们，在介绍你们组自选的中国节日时，大家可能会用到以下一些词组，请想一想，根据不同的节日选择合适的风俗习惯词组。

Tips:

风俗类：get red packets 收红包, set off firecrackers 放烟花, eat dumplings 吃饺子,stick couplets 贴对联, have a Dragon boat racing 龙舟比赛,eat Zongzi 吃粽子,talk about Qu Yuan 谈论屈原,enjoy lanterns 赏灯, guess riddles 猜谜,eat tangyuan 吃汤圆,do outside activities 户外活动,visit grandparents 看望祖父母,watch the national flag-raising ceremony 看升旗仪式,spend time with our families 和家人在一起,eat mooncakes吃月饼,do a play 表演,sing 唱歌,dance 跳舞, get presents 收礼物,watch TV看电视,see the dragon dance看舞龙，see the lion dance看舞狮,

时间类：the 1st of June, the 1st of October,in winter, in autumn, in winter, in spring…

图 9-14 Festival 模块"合学任务单"

三、"延学任务单"—— 延伸迁移 按需拓展

课后迁移延伸是教学过程的重要组成部分，与学习效果息息相关。课后任务不仅是帮助学生巩固和消化所学知识的重要方式，还是检验学生学习情况的重要手段，也是教师提高教学质量的重要途径。课后学生依需而学，根据自己的知识和能力水平完成相应任务，在完成迁移延学单任务的过程中归

纳、总结所学知识与方法，并在日常生活中迁移运用，在运用中形成能力。
迁移延学单的设计目标针对性强、任务实践性强、评价方式精准性强，推动
了课后任务从机械、低效走向灵动、高效，从而促进学生核心素养的发展。
新标准英语六年级 Module 6 Festivals 的模块教学中，在课堂上进行了思维导
图的学习引导练习之后，课后延伸作业是让学生独立设计一个关于节日知识
框架的思维导图，可以对课堂中老师展示的导图更加完善、详细。同时延学
单中又为学生提供了更多可以参考的导图模型，学生可以根据自己的导图设
计内容进行选择，让导图加入更多的细节。迁移延学单从课后任务的多样性、
趣味性、探究性和实践性上着力，既要注重基础知识的巩固，又要注重拓展
知识的延伸，满足不同层次学生的学习需求。迁移延学单强调成果导向或任
务导向，遵循由易到难、由浅入深的原则，按照思维层次设计基础性和趣味
性相结合、开放性和挑战性相结合的任务，帮助学生一步步达成学习目标，
促使学生在实践中获得自我成长和英语核心素养的发展。

Step2.知新趣学

　　同学们，我们已经重温了中国节日的美好与欢乐，现在让我们走近各国的传统节日，感受不同文化下的文化习俗。有大餐，有鲜花，有彩灯……
　　请同学们绘制一个你们要介绍的西方节日的思维导图吧！
　　除了课堂上我们用的气泡图，老师再推荐给你们以下几个有趣的思维导图，同学们可以选择自己喜欢的导图来画一画。

另外推荐图示：

1.知识结构图

2. 鱼骨图

Step3.新旧交融

我能用_____思维导图来介绍_____

图 9-15 Festival 模块 "延学任务单"

第四节 小学数学"问题化学习"的"三单"教学法应用案例

小学数学学习并不只是数学知识的习得，更重要的是学习方法的培养和形成。我校以"深度学习"为切入点，以"问题解决"为主要抓手开展课堂教学活动，在问题化学习过程中，借助课前"导学任务单"、课中"合学任务单"、课后"延学任务单"，即"三单"的有效利用，引导学生在活动中进行自主、合作、探究学习，帮助学生实现知识的建构，促进学生能力的不断发展。

要想实现"三单"教学法助推小学数学"问题化学习"，就要求教师研究学生的学习规律，设计学习任务，策划学习活动，将课前预习设计、课堂讨论设计、课后巩固延伸设计都囊括其中，让学生的学习真正向深处发展，促进学生有效学习。"三单"的设计每次都要通过"预设—磨练—修改—再试"等步骤，让设计更贴近学生的学习实际。磨课时根据每个班的"导学任务单"的完成情况来调整设计"合学任务单"和"延学任务单"。

一、"导学任务单"有效预判学生的学习起点

有效的预习需要教师在认真钻研教材、分析学情的基础上，合理设计课前"导学任务单"，引领学生有计划地进行自主的尝试性学习。教师要根据教材设计操作性问题、实践性问题和实验性问题，让学生去经历知识产生的过程，通过"导学任务单"为学生提供相关的学习材料，让学生进行自学、预学。从而把握学生的学习起点。

"导学任务单"可以有效明析重难点。课时中的核心问题通常指向本节课最主要的教学目标和教学重点，就是通过这节课的学习，学生最先要达到的目标是什么。通过"导学任务单"收集信息，分析学生的起点在哪，他们的学习达成目标是什么；还要根据学生潜在的状态差异，思考他们如何达到这些学习目标。在这其中要确定好课时教学重点和难点，提炼课堂核心问题，为有效进行问题化学习的活动设计提供导向依据。如教学认识面积一课时，

根据"导学任务单"收集的学生问题，即"你能说一说长方形和正方形的特点吗"，梳理出来的核心问题是：什么是物体的面积？从而确定教学重难点：第一，在实际情境中，理解面积的含义，体会并认识面积单位。第二，经历观察猜想、操作验证、归纳反思等过程，探索面积大小的计算方式，发展空间观念。

阶梯成长乐园

第一级：温故知新

【导航台】你能说一说长方形和正方形的特点吗？

边的特点 ＿＿＿＿＿＿＿＿＿＿　　　　　　边的特点 ＿＿＿＿＿＿＿＿

角的特点 ＿＿＿＿＿＿＿＿＿＿　　　　　　角的特点 ＿＿＿＿＿＿＿＿

我知道一种图形的特点，得到 ☆ 。我知道两种图形的特点，得到 ☆ ☆ 。

第二级：心中有数

【导航台】预习教材第49页，先观察图片，再尝试思考以下问题：

1.你知道什么是面积吗？说一说什么是以下平面图形的面积。

我能说出以上平面图形的面积，我得到 ☆ 。

2.要知道餐厅和厨房哪个面积大，我们可以怎么做？你们的想法是：

方法一：＿＿＿＿＿＿＿＿＿＿＿＿＿＿＿＿＿＿＿＿＿＿＿

方法二：＿＿＿＿＿＿＿＿＿＿＿＿＿＿＿＿＿＿＿＿＿＿＿

方法三：＿＿＿＿＿＿＿＿＿＿＿＿＿＿＿＿＿＿＿＿＿＿＿

我还可以这样做 ＿＿＿＿＿＿＿＿＿＿＿＿＿＿＿＿＿＿＿

我想到了（ ）个方法，我得到 ☆ ☆ ☆ ☆ ☆ 。

图9-16 认识面积"导学任务单"

二、"合学任务单"有效助推问题解决

课堂教学中使用的"合学任务单"是学生自主尝试、小组合作解决问题的指路牌，借助"合学任务单"让学生在探究活动中获得感悟和体验。在小

组讨论环节，教师根据实际情况的设计讨论内容，根据学生的情况和教材的重难点设计“合学任务单”，帮助学生更好地展开自主学习和小组合作探究，从而突破教学重点和难点。

“合学任务单”可以有效激发学生主动参与的兴趣。“兴趣是最好的老师。”小学生又天性活泼好动，教师设计的“合学任务单”应以操作活动为载体，引领学生动手实践，促使他们养成自主学习的习惯，充分激发他们主动参与学习的兴趣，引领他们主动构建自己的知识结构。如在教学认识面积一课时，“合学任务单”的活动设计要求学生解决以下问题：“理解和掌握面积的概念，会用不同的方法比较图形面积的大小。”“合学任务单”还给学生提供了学法指导：①方法 1：将图形剪下来，用重叠的方法比较面积的大小；②方法 2：使用学具摆一摆，比较图形面积的大小；③方法 3：使用面积为 1 平方厘米的小正方形摆一摆，来比较图形面积的大小。学生经历了观察猜想、操作验证、归纳反思等过程，探索面积大小的计算方法，发展了空间观念。

<table>
<tr><td colspan="2">同学们，本节课我们要通过合作学习，解决以下问题：“<u>理解和掌握面积的概念，会用不同的方法比较图形面积的大小。</u>”你们做好准备了吗？</td></tr>
<tr><td>二、利用手中的工具，比一比图形面积的大小
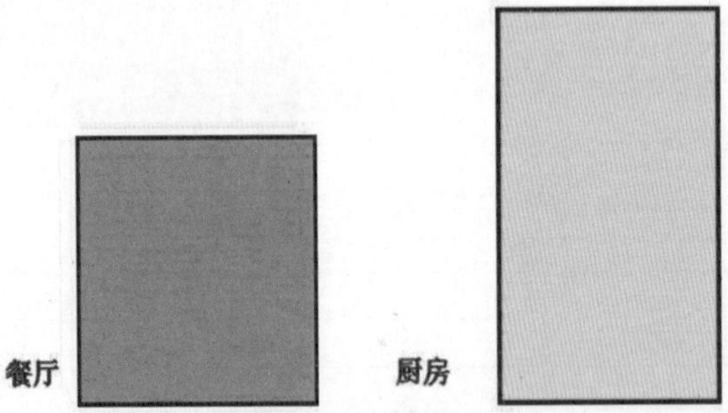
</td><td>方法指导

方法 1:
将图形剪下来，用重叠的方法比较面积的大小
方法 2:
使用学具摆一摆，比较图形面积的大小
方法 3:
使用面积为“1 平方厘米”的小正方形摆一摆来比较图形面积的大小</td></tr>
</table>

图 9–17　认识面积“合学任务单”

三、“延学任务单”有效瞄准课堂延伸点有效提升思维

“延学任务单”为课后的拓展学习，是学生对所学知识的应用和深化。在新课程理念下，课后拓展是学生学习活动的延伸，教师想要确定课堂教学

是否有效，就需要及时对学生的学习状况进行评估。要实现"目标—问题—活动—评估"一致性。在课堂实践中，一是通过练习情况设计"延学任务单"评估学生解决问题的情况和理解掌握知识的情况，二是通过延学单把课堂知识延伸到课堂之外，不仅能够丰富学生的学习内容，还能提升学生的学习能力。

例如，认识面积一课的"延学任务单"采取了游乐园闯关模式，为学生提供了更为丰富更有趣的拓展练习，不仅有动手操作，使用多种方法计算树叶的面积，还有数学文化的体现，如《算术九章》里面积的计算方式。结合本单元的教学内容，"延学任务单"给学生展示了"割补法"，引导学生将不规则图形分割成长方形和正方形，再通过拼图的方法计算面积。

> 第三级：几何游乐园

【导航台】进入几何游乐园，小敦敦们遇到了难题，这里的图形不那么规则，而且没有告诉我们每条边的长度，无法用公式计算面积。测量物体的周长还有很多方法，除了课堂上讨论过的方法，我们还可以利用知识迁移，你们能用之前学过的方法来帮他们数一数、算一算不规则图形的周长吗？

割补术——"以盈补虚"

古代数学家刘徽的割补术解决了一个又一个数学难题。割补术的原理是"出入相补"：一个平面图形由一出移到他处，面积不变，或者一个图形分割成若干块，各个图形的面积之和等于原图形。

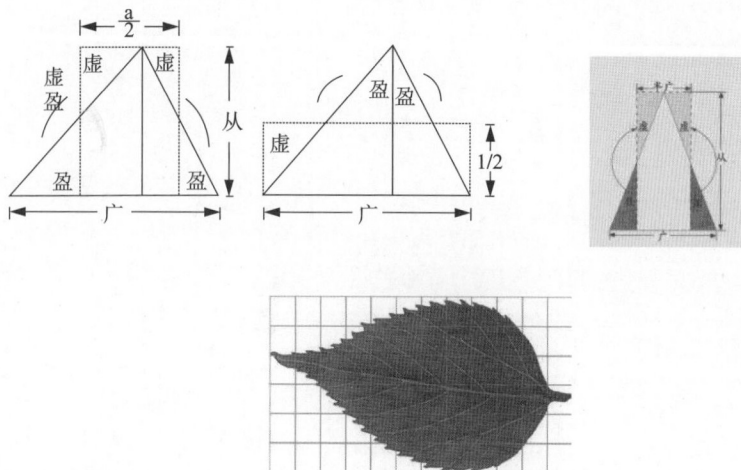

估一估，数一数，树叶的面积大约是多少？_____（每一个方格是1平方厘米）

图9-18　"延学任务单"中的"割补术"介绍

　　小学数学"问题化学习"课堂教学不仅重构了课堂结构，还改变了学生被动接受的学习方式，改变了教师对课堂教学的理解。运用"深度学习"教学模式和"问题化学习"教学理念，借助"三单"的学习活动设计，将传统课堂中"教师教、学生学"的被动模式转变为为"学生想学、乐学、爱学"的以"学"为中心的主动模式。对学生而言，有了课前准备和实践，课堂上带着疑问进行学习，课后拓展应用，学习目的更为明确。因此，教师要致力于精心设计"三单"的内容，引导学生主动思考、质疑，让"问题化学习"课堂中的"学"更精彩。